How to Write in Arabic

How to Write in Arabic

El Mustapha Lahlali

Edinburgh University Press

© El Mustapha Lahlali, 2009

Edinburgh University Press Ltd
22 George Square, Edinburgh

www.euppublishing.com

Reprinted 2010, 2011, 2014

Typeset in 11/13 Times
by Servis Filmsetting Ltd, Stockport, Cheshire, and
printed and bound in Great Britain by
CPI Antony Rowe, Chippenham and Eastbourne

A CIP record for this book is available from the British Library

ISBN 978 0 7486 3587 0 (hardback)
ISBN 978 0 7486 3588 7 (paperback)

Contents

Acknowledgements

I would like to express my gratitude to all those who made this book possible. I wish to thank first and foremost my colleagues in the department of Arabic and Middle Eastern Studies, University of Leeds, for their support and encouragement. My special thanks go to James Dale for his valuable comments on a draft of this book. I would also like to thank Nicola Ramsey, Edinburgh University Press, for supporting this project.

I am obliged to Brigit Viney for her valuable feedback and comments on a draft of this book.

My heartfelt appreciation also goes to all my friends for their support, help and encouragement. Special thanks go to my friend Naemi Nakagawa for her encouragement throughout the writing stages of this book.

Lastly, and most importantly, I would like to express my warm thanks to my parents, brothers and sisters for their unfailing love, encouragement and support.

Introduction

The chief aims of this book are to help learners of Arabic at higher-intermediate and advanced levels to:

1 develop and refine their writing skills in Arabic;
2 achieve a degree of competency in writing with efficient Arabic style, through a wide range of Arabic writing exercises;
3 learn Arabic linguistic features which are necessary for fluent writing styles;
4 adopt Arabic stylistics with a view to enhancing their Arabic writing;
5 become familiar with different aspects of writing, such as letters, summaries, articles, etc.;
6 acquire vocabulary for their writing usage.

In order for the above-mentioned aims to be achieved, this textbook provides practical sessions and exercises which are designed solely to meet the objectives set for this textbook. Each unit contains a wide range of exercises which will enable learners to practise the concepts introduced in each unit.

Why this textbook?

Over the last few years, many books have been published on Arabic grammar and Arabic literature, but there is not, to my knowledge, a comprehensive academic book on writing in Arabic. Writing is a key skill in any language, and Arabic is no exception. However, there are not sufficient resources on writing in Arabic for learners of Arabic as a foreign language. This textbook will enable learners to acquire the ability to write effectively and fluently in Arabic in both their personal and professional lives. It will not only be useful to those learners who wish to familiarise themselves with the style and structure of writing in Arabic, but will also help them build their Arabic vocabulary, with phrases and idiomatic expressions, which will help them improve their style. There is a section of answers to some of the exercises at the back of the book and this key will help learners check their answers and facilitate their learning.

The textbook is composed of five units, which have more or less the same structure and layout, organised into the following topics:

Unit 1: **Connectors**   This unit focuses on the structure of Arabic sentences and paragraphs, and the cohesive links between them. It introduces learners to different Arabic cohesive devices, giving examples of their usage in sentences.

***Unit 2*: Letters** This unit focuses on drafting, writing and responding to different types of letters. Students are introduced to different letter formats and styles, for instance, writing personal letters, love letters, professional letters, job application letters and CVs, condolence letters, congratulation letters, e-mails and memos.

***Unit 3*: Stylistic Expressions and Vocabulary** This unit provides a variety of phrases and idiomatic expressions that can be used in writing. Key verbs and phrases are categorised in themes and used in sentences to acquaint students with their contextual usage. This is followed by a wide range of practical exercises.

***Unit 4*: Writing Articles** This unit deals with writing different genres of texts, literary texts and media texts. Through a variety of materials, students are introduced to writing coherent and cohesive texts/articles in Arabic, as well as formulating concise introductions and conclusions. Students are introduced to different Arabic phraseologies which are used in writing introductions and conclusions. They are also introduced to writing a précis in Arabic. A section on punctuation is included in this unit.

***Unit 5*: Creative Writing** The aim of this unit is to introduce learners to writing narrative texts such as short stories. The unit equips learners with tools and mechanisms for writing literary works. Samples of short stories are introduced in this unit in order to acquaint students with the Arabic literary style. The unit also introduces students to some of the rhetorical features often used in creative writing.

Answers Towards the end of the book there is a key section which provides students with answers to the main questions in each unit. The key is designed to encourage autonomous learning. Exercises with answers in the key are marked with this symbol: ✓.

***Appendix 1*: Analysing Students' Errors** This appendix provides students with a wide range of exercises based on common writing errors made by students. By identifying different types of errors and correcting them, learners of Arabic should be able to understand, or at least identify, the reasons for making those errors – some of which are spelling, grammatical and lexical errors, as well as errors related to expression and style. The errors are authentic and selected from learners' writings.

***Appendix 2*: Expressions in Context** This appendix provides a wide range of additional expressions and vocabulary in context.

UNIT 1: CONNECTORS الوحدة الأولى : الروابط

Arabic language is characterised by its rich vocabulary and complex sentences. Now that you have learnt how to write basic and simple sentences, you can express yourself in more complex ways. To do so, you need to learn how to link different ideas and sentences in order to create a coherent and cohesive text. The use of connectors in Arabic can help you improve your style and link your ideas in a way that would help the reader to follow your argument. Arabic language provides a wide range of connectors which serve different functions.

Each section below will introduce you to a different type of Arabic connectors and their functions. It is worth mentioning here that these connectors are very varied and serve different functions.

✓ 1 استخرجوا الروابط الموجودة في النص التالي وحدّدوا نوعها 1

As mentioned above, there are a variety of connectors that are used in writing. Find the connectors in this passage and study their usage.

عطش غزال وراح يبحث عن ماء يروي به عطشه. فبينما هو في طريقه فإذا به يجد بئرا فيه ماء. نزل إلى البئر وأشفى غليل عطشه ، لكن عندما حاول الصعود من البئر وجد نفسه في مأزق فلم يستطع الصعود. ثم مرّ الثعلب فوجد الغزال على حاله المألم يحاول أن يصعد لكن دون جدوى. ومرّت ساعات فإذا بأحد المارّة يجد الغزال يحاول أن يصعد ثم يسقط. ساعد الرجل الغزال واخرجه من البئر بعد جهد كبير. رغم تعب الرجل إلا أنه لم يترك الغزال في قاع البئر.

و أخيرا شكر الغزال الرجل على إنسانيته.

✓ 2 أتمموا الفراغات التالية باستخدام أحد الروابط المناسبة 2

Try to complete the blanks with appropriate connectors.

سافرنا العطلة الماضية إلى المغرب................ زرنا معظم مدنه التاريخية. لقد زرنا مدينة فاس .... توجهنا إلى مدينة مراكش في الجنوب .... زرنا أغادير على شاطئ المحيط الأطلسي. .... زرنا الصويرة المعروفة برياحها العليلة .... جوها البارد في الصيف. لقد أعجبنا المغرب كثيرا............. أعجبنا أكل الكسكس ....الطاجين المغربي.

These connectors have different functions and link both words and sentences. Below is a summary of the main connectors used in Arabic.

1.1 Additive conjunction 1.1 الربط الإضافي

Additive conjunctions are connectors used to link two words, clauses, sentences or ideas. Arabic is rich with additive conjunctions. However, each has its own function.

And الواو

Used to link words, clauses, sentences and paragraphs. It is used within and between sentences.

1 خرج محمد **و**علي إلى السوق
2 زرنا سعيد **و**صديقه في المدينة المجاورة
3 سافرت إلى مصر **و**زرت الأهرامات

While, as واو الحال

واو الحال starts the circumstantial *Hal* and is followed either by a nominal sentence or a verbal sentence.

1 زارتنا **و**هي حزينة على فراق صديقها
2 حضرت الحفلة **و**هي مرتاحة البال
3 رجع إلى بلده **و**معه زوجته الجديدة
4 سافر إلى أوروبا **و**قد أخذ معه عائلته
5 عاد إلى بلده **و**لم يحصل على أي شهادة

In addition to linking words, clauses and sentences, و can be used to link paragraphs and is often used to begin one. This is prevalent in media texts.

Then ثم

Like و , ثم can be used to link two sentences.

1 سافرت إلى مصر ثم زرت الأهرامات
2 زرت بيتها ثم التقيت بأهلها

After that بعد ذلك

Used to indicate that one action precedes another.

1 حضرنا المحاضرة و سألنا أسئلة كثيرة وبعد ذلك توجهنا إلى المطعم.
2 استيقظت من النوم باكرا ثم تناولت الفطور وبعد ذلك توجهت إلى الجامعة
3 شاهدنا الفيلم معا وبعد ذلك انطلق كل واحد منا لحاله

In addition to the above additive conjunctions, there are other additive conjunctions that are used to link sentences and ideas. Like any other language, Arabic offers a range of additive conjunctions that have the same meaning.

1 قرأت كتابا } **وبالإضافة إلى ذلك** (in addition to) كتبت تلخيصا موجزا عن مضمونه
وإلى جانب ذلك (besides)
وزيادة على ذلك (in addition to)
وأضف إلى ذلك (add to that)
وزد على ذلك (add to that)

✓

أ اربطوا الجمل التالية بالروابط الإضافية المناسبة	A
Connect the following sentences with the appropriate additive conjunctions.	

1 تولى الخلافة الإسلامية بعد الرسول أبو بكر .... عمر
2 يكتب الكاتب الكتاب .... ينشره
3 أحب كرة القدم .... لا أحب كرة السلة
4 في الصيف الماضي زرت القاهرة .... الإسكندرية
5 حضر المحاضرة .... قد أتمّ كل واجباته
6 لتجهيز كوب شاي اتبع الخطوات التالية: ضع كيس شاي في الكوب ...... ملعقة سكر ....صب الماء .... حرك الكوب.......... اشرب الشاي

1.2 Contrastive conjunction — 1.2 الربط الإستدراكي

Adversative conjunctions are the conjunctive relations of elements of sentences or paragraphs that express the opposition of their meanings. The following connectors are used in Arabic to contrast one idea or action with another.

But, however — **لكن/ لكنّ**

1 حضر الطالب إلى المحاضرة لكنه لم ينجز تمارينه المنزلية
2 جاءت إلى المدينة لكنها لم تحضر حفل زفافها
3 حضر الطرفان المؤتمر الدولي لكنهما رفضا الدخول في مفاوضات لحل المشكلة العالقة بينهما.

بيد أن – but على عكس ذلك – on the contrary على نقيض ذلك – on the contrary خلافا لذلك – on the contrary على صعيد آخر – on the other hand ومن جهة ثانية/ ومن ناحية اخرى – on the other hand

1 ظننت أنه سيفشل في إمتحانه لكن على عكس ذلك فقد نجح
2 كان الجو ممطرا وباردا على نقيض ما توقع

3 لقد نجح من ناحية لكنه فشل من ناحية أخرى لأنه لم يحقق كل أهدافه

4 كان طالبا مثابرا و على صعيد آخر كان مدمنا على المخدرات
ومن جهة ثانية

أ أتمموا الجمل التالية باستخدام أداة الربط الإستدراكي المناسبة	*A*
Complete the following sentences with the appropriate adversative conjunction.	

1 كان التعليم في القديم مجانا .... اليوم أغلب الطلاب في الجامعات البريطانية يدفعون رسوما دراسية.

2 حصل على نتيجة مرضية على .... ما كان يتوقع

3 كان من المقرر أن يتغيبوا عن الإجتماع .... فقد حضروا في الوقت المناسب

4 لقد نجحت المفاوضات بين الطرفين .... لكنها أخفقت في ....

5 وقعت على العقد .... لم تستشر زوجها في ذلك.

6 يحب أخي مشاهدة الأفلام الغربية .... صديقه الذي يحب الأفلام الشرقية.

7 كانت النتائج غير مرضية .... ما كان ينتظر

1.3 Temporal conjunction — 1.3 الربط الزمني

There are numerous cohesive devices in Arabic to express the time relationship between sentences. The following are examples.

قبل + أن+ مضارع

The use of قبل indicates that there are two actions; one is accomplished before the beginning of the other. قبل can either be followed by أن + مضارع , or by a gerund مصدر

1 تخرّج من مدرسة عسكريّة **قبل أن** يلتحق بالجيش

2 **قبل أن** يلتحق بالجيش تخرج من مدرسة عسكريّة

3 ودّع عائلته **قبل أن** يسافر مع أصدقائه

4 دارت بينهم مفاوضات حادّة **قبل أن** يوقعوا على الوثيقة

قبل + مصدر

1 قبل إلتحاقه بالجيش تخرج الضابط من المدرسة العسكرية

2 فاز بالإنتخابات قبل تنصيبه رئيسا للبلد

3 اعتذر الوزير عن أخطائه قبل الإستقالة من منصبه

في نفس الوقت – في غضون ذلك

Used to indicate simultaneous time sequence.

1 عبّر بلير عن إرتياحه لإطلاق سراح المحتجزين و**في نفس الوقت** أعرب عن حزنه لمقتل أربعة جنود في جنوب العراق.

2 أكد الرئيس على استمرار المفاوضات وفي نفس الوقت لمّح إلى إمكانية استخدام القوة في حال فشل المفاوضات

3 طالب رئيس الوزراء البريطاني إيران باطلاق سراح المحتجزين وفي غضون ذلك اعتبر الرئيس الأمريكي الفعل الإيراني بأنه يخالف الأعراف الدولية

When

حينما – لمّا – عندما

1 عثرت على هذا الكتاب المفيد **حينما** زرت المكتبة في لندن

2 حكت لي قصتها **حينما** التقيت بها في وسط المدينة

3 **لمّا** دخل الأب خرج الأولاد

4 دخل التلاميذ إلى الصف **عندما** دقّ الجرس

Whenever

كلّما

رفض مساعدتي كلما طلبته

يحضر إلى الحفل كلما استدعيته

في هذه الأثناء – وفي هذه اللحظة – في هذا الوقت

1 التقيت برئيس الجامعة لأول مرة و**في هذه الأثناء** طلبت منه مساعدتي لنشر بحوثي في مجلة الجامعة

2 مررت به يئن من شدة المرض و**في هذه اللحظة** قرّرت مساعدته

3 شاهدها لأول مرة و**في هذا الوقت** قرّر التعرف عليها

While

بينما

Indicates that two simultaneous actions are taking or have taken place.

1 كنت أدرس بينما كان أخي يلعب

2 غاب الطلاب عن الدروس إحتجاجا بينما حضر الأساتذة كلهم

أ	اربطوا العبارات التالية بأدوات الربط الزمنية المناسبة	A
	Connect the following phrases using the appropriate temporal conjunction.	

1 كنت أدرس في المكتبة- كان أخي ينظف الغرفة
2 مررت بهما يتخاصمان – قرّرت التدخل للإصلاح بينهما
3 أحببتها لأول مرة – التقيت بها في المؤتمر
4 اشتكى عليّ كثيرا – زارني أخيرا في بيتي
5 حصل على وظيفة جيدة – حصوله على شهادة الدكتوراه
6 سأتصل بك – سأصل إلى بريطانيا
7 كان أخي يشاهد برنامجه المفضل – كنت أحضر إلى إمتحاني السنوي الأخير
8 زارها في مكتبها – أبلغها بخبر ترقيته إلى عميد الكلية
9 ألقى محاضرته الأخيرة – شكر طلابه على إخلاصهم

1.4 Listing 1.4 الإحصاء

When we list a number of temporal sequences, we use the following:

أولا – ثانيا – ثالثا – رابعا ....

كتبت المقال **أولا** ثم وزّعته على أفراد اللجنة **ثانيا** و قمت بنشره **ثالثا**.

أ	استخدموا أدوات الإحصاء أعلاه في فقرة صغيرة عن ماذا تعلمتم في صف العربية خلال الأسبوع	A
	Use the above listing connectors in a short paragraph of your own about what you have learnt in Arabic class during the whole week.	

....

....

....

....

....

....

....

....

Consolidation exercises

A	استخدموا مايلي في جمل مفيدة	أ

Use the following in full sentences.

1 على صعيد آخر ....

2 على نقيض ذلك ....

3 ومن جهة ثانية..

4 في هذه اللحظة..

B	اربطوا الجمل التالية بأدوات الربط المناسبة	ب

Link the following sentences using the appropriate connectors.

1 راسلها كثيرا .... الزواج منها.

2 اندلعت الحرب .... فشل المفاوضات بين الجانبين

3 اتفقا على ضرورة تقوية العلاقات الثنائية بينهما .... آخر لقاء بينهما

4 شرح الأستاذ المحاضرة .... ساعد الطلاب على انجاز التمارين .... أعطى بعض الحلول المناسبة للتمارين

5 هل يمكن أن نسافر إلى لندن .... نقيم فيها لمدة وجيزة .... أن ينقضي العام الدراسي؟

C	أكتبوا فقرة صغيرة مستخدمين فيها روابط الإستدراك والإضافة عن أوجه التشابه والإختلاف بينك وبين صديقك.	ج

Use adversative and additive conjunctions in a paragraph in which you compare yourself with a friend. List ways in which you are similar and different.

Use a separate piece of paper for your work.

1.5 Causality — 1.5 السببية

Causality in Arabic expresses the relationship between the cause and the effect. The following Arabic connectors of cause show that one thing caused another.

بسبب – لأن

1 قرّرت مغادرة البلد **بسبب** الجو الممطر دائما
2 اظطر مغادرة فريقه **بسبب** مرضه المزمن
3 لم يخرج معنا اليوم **لأن** أباه لم يسمح له بذلك
4 لم ينجح في الإمتحان الأخير **لأنه** لم يهتم بدراسته

كانت سعاد مريضة **لذا** لم تذهب إلى الجامعة
ولهذا
ولهذا السبب
ولهذا الغرض
ومن جراء ذلك

A — أ أتمموا الجمل التالية بأداة السببية المناسبة

Complete the following sentences with the appropriate causality conjunction.

1 تغيّب الطالب اليوم عن المحاضرة .... إنشغاله بمشاكل أسرته
2 انخفضت أسعار البيوت .... تراجع الإقتصاد العالمي
3 تمّ تقديمها أمام المحكمة .... تورطها في سرقة البنك المحلي
4 سافرخارج البلد .... لم يحضر زفاف أخيه
5 حصل على منحة دراسة الدكتوراه .... سافر إلى بريطانيا لمتابعة دراسته.

1.6 Result — 1.6 النتيجة

نتيجة لذلك (as a result of that) expresses the consequences of an action. أدى إلى expresses the cause which led to an action.

نتيجة لذلك – أدّى إلى

1 وقعت المظاهرات والإحتجاجات **نتيجة** قرار رفع الضرائب
2 **أدى** رفع الضرائب **إلى** وقوع احتجاجات ومظاهرات

1 مقدمة + لذلك + نتيجة
كان الدرس ممتعا لذلك فهمت الدرس جيدا

2 نتيجة + لأن + مقدمة
فتحت مظلتي ورفعتها لأن المطر القوي يهطل

3 نتيجة + نظرا لأن + مقدمة
فاز الفريق نظرا لأن الخصم كان ضعيفا

4 مقدمة + وعليه + نتيجة
تدربت جيدا على السياقة وعليه يمكن أن أحصل على رخصة السياقة

5 لأن + مقدمة + نتيجة
لأن الخصم ضعيف فاز الفريق

6 إذا كان + مقدمة + نتيجة
إذا كان + الجو جيدا + فإني سأخرج مع أصدقائي

أ ضعوا مايلي في جمل مفيدة من عندكم	A
	Use the following in meaningful sentences.

نتيجة لـ...
نظرا لأن...
أدى إلى ....

1.7 Comparison — 1.7 المقارنة

Although the following prepositions/phrases and verbs cannot be considered conjunctions, they are used to compare people or objects.

يشبه – يضاهي – يحاكي – مثل – كـ – مخالف لـ – يخالف

1 زيد يشبه سعيدا ذكاء
2 هذا البلد مثل بلدنا ثقافة
3 لم أرتح لمعاملته التي تحاكي معاملة الطفل الصغير
4 هذه الثقافة مختلفة عن ثقافتنا
5 هذه السيارة مغايرة لسيارتنا

أ استخرجوا أدوات التشبيه من النص التالي	A
Find words and phrases suggesting comparison in the following text.	

كنت أتجول في شوارع مدينة القاهرة فإذا بي أرى فتاة جميلة شعرها مثل الليل ووجهها يحاكي القمر ونظرتها كالإبتسامة. مشيت بدون التفاتة وأنا أفكر في جمال الخالق ليقع بصري على رجل يمدّ يده إلى المارّة ، ثيابه ممزّقة كالمتسول ، وشعره ملوث كالمحارب، صوته ضعيف يشابه المريض في لحظة الاحتضار. قلت لنفسي هذه تناقضات الحياة. هناك الغني والفقير، المتعلم والجاهل. صرت في طريقي وأنا أتساءل لماذا هذا التناقض؟ وأنا في حيرة من أمري فإذا بطفل صغير يبلغ الحادية عشرة من عمره يقاطعني بصوت عال قائلا: "السلام عليكم" ، فمضى قائلا: التلميذ جنديّ ، محفظته سلاحه وقلمه بندقيته وعدوه الجهل. استغربت لهذه المقارنة الرائعة التي خرجت من فم طفل يضاهي الرجل ذكاء، لم يدق بعد تجربة الحياة الصعبة. مشيت في طريقي والتعب يبدو واضحا على وجهي كالفلاح المكدّ تحت حرارة الشمس الساطعة. رجعت إلى مدينتي و صورة مدينة القاهرة المتناقضة ظلت تخيّم على ذهني وعقلي.

✓

ب اربطوا الجمل التالية بأدوات التشبيه المناسبة	B
Connect the following sentences with the appropriate أداة التشبيه	

1 أخي .... السبع شجاعة

2 مستوى طلاب صفنا .... مستوى الطلاب الآخرين في جامعات أخرى

3 وجهها يلمع بياضا .... القمر المنير

4 كرمه .... كرم حاتم الطائي

1.8 Introduction and conclusion phrases 1.8 عبارات البدء والنهاية

مقدمة:

The following phrases are often used in both written and spoken Arabic to indicate the beginning of a text or speech.

استهل – في مستهل – بادئ ذي بدء – في البداية – بداية – في مقدمة – أولا

1 في مستهل هذا الموضوع أريد أن أعرّف العولمة واتطرق إلى إيجابياتها وسلبياتها

2 بادئ ذي بدء لابد من الحديث عن الإعلام ودوره في توعية الأجيال

3 في مقدمة هذا النص سأتحدث عن قسمين مهمّين

خاتمة:

The following phrases are used to summarise a text or speech.

وختاما	–	وخلاصة القول	–	مجمل القول	–	قصارى القول – صفوة
القول	–	سأختم	–	ونهاية	–	وفي النهاية – وختاما – مختصر القول

1 ومجمل القول أن الكتابة بالعربية تبقى تحدّي لكل متعلم للغة العربية كلغة أجنبية

2 وفي ختام موضوعنا هذا أودّ أن أقول أن السيّاسة الأمريكيّة الخارجيّة في الشرق الأوسط تبدو للبعض غير عادلة

3 وقصارى القول أن المحافظة على البيئة تحتاج إلى معايير تساعد على رفع وعي المواطنين

4 وصفوة القول أن التدخين مضرومهلك للصحة

أ اكتبوا مقدمة وخاتمة للمواضيع التالية مستخدمين العبارات أعلاه A

Write an introduction and conclusion to the following topics using the above phrases.

- الصداقة
- البطالة وأثرها على الأسرة

Consolidation exercises

✓

أ أتمموا الجمل التالية بأدوات الربط المناسبة A

Complete the following sentences with the appropriate connector.

1 .... يحضر إلى المحاضرة .... بل شارك بعرض قيّم

2 حضر كل الأساتذة .... الأستاذ الجديد

3 احتفلت كل البلدان بالسنة الجديدة .... بلدا واحدا

4 .... أن تقوم بواجبك على أكمل الوجه لكي تترقى في عملك

5 .... تستمع إلى نصائح أستاذك تنجح في مستقبلك

6 .... اتبع قرارات الأمم المتحدة لما شنّ حربا على العراق

ب استخرجوا أدوات الربط المعبّرة عن الشعور والإستثناء في النص التالي B

What are the connectors of exception and emotion in the following text?

سافر خارج وطنه طلبا في عيش راغد بعيدا عن حياة الفقر التي شابت حياته منذ ولادته. إذ كان لابد أن يجهز نفسه لهذه القفزة النوعية في حياته. لم تكن هذه هي المرة الأولى التي سيغادر فيها مدينته لكنها المرة الأولى التي سيجتاز فيها حدود بلده. استعدّ كل الإستعداد وودّع كل أصدقائه سوى صديقا لم يراه منذ سنوات. وحدث السفر وخرج أحمد إلى أوروبا لكن فراقه لبلده الأصلي ولأصدقائه جعله دائما يشعر بالغربة في أحضان بلده الجديد. لو جلس أحمد في بلده واقتنع بمستوى معيشته لما اغترب في بلد أجنبي.

1.9 Summaries — 1.9 الإختصار

The following phrases can be used both in writing and speaking to summarise ideas. However, they are not used frequently in media articles and texts. These phrases are more often used in literary writing.

باختصار _ ألخص _ اكتفي بالقول _ لن أفيض في الحديث _ لن أطيل في الشرح _ بإيجاز _ اجتزئ بـ _ لضيق الوقت سـ

1 لضيق الوقت تطرق المحاضر لنقطة واحدة فقط
2 ألخص ماقلت سابقا في عبارة واحدة: من جدّ وجد ومن زرع حصد
3 وأكتفي بالقول أن الدبلوماسية هي دائما الخيار المفضل لحل المشاكل العالقة بين الأطراف
4 وبإيجاز فإن الدعوة إلى تعويض اللغة الفصحى بالعامية لن تنال دعم محبّي اللغة العربية

A	أ ضعوا مايلي في جمل مفيدة

Use the following phrases in sentences.

1 أكتفى بـ (القول / الحديث / الكلام)
2 أطال في (الشرح / الكلام / الخطاب / الحديث / المناقشة)
3 أفاض في (الشرح / الحديث / الكلام)
4 لخص (النص / المحاضرة..)
5 أجاز في ....

1.10 Expressing opinions — 1.10 التعبير عن الرأي

In debates, dialogues and discussions, the following expressions are used to indicate the speaker's stance. These phrases are employed to indicate one's agreement and support to an argument, discussion or debate.

مع

- أوافق الكاتب هذا الرأي........................
- أشاطر الكاتب الرأي في ....
- ليس لدي أدنى شك في ....
- أشدّ على يد الكاتب في........................
- أنا مقتنع كل القناعة بـ........................
- ما طرحه الكاتب بعيد عن كل شك........................

1 أوافق الكاتب الرأي بأن عدم الإهتمام بالأقليات يؤدي إلى تهميشهم والقوقعة على أنفسهم

2 أشاطر الكاتب الرأي في أن الحوار هو طريق السلم والسلام

3 ليس لدي أدنى شك فيما قاله اليوم

4 أشد على يد صديقي في قوله إن العلم والتعلم أساس النجاح

5 أنا مقتنع كل القناعة بـأفكارها الجديدة حول كيفية القضاء على العنصرية

6 ما طرحه الكاتب في نصه بعيد عن كل شك

ضد

The following phrases are often used to express opposition, doubt or rejection of others' ideas, arguments or opinions. They indicate strong disagreement on the part of the speaker or writer.

- عندي شك........................
- لا أشاطر الكاتب الرأي........................
- ما طرحه الكاتب بعيد عن كل اقناع ....
- طرحه ليس منطقي........................وتحليله سطحي........................
- فشل الكاتب فشلا دريعا في........................
- تغافل الكاتب........................

1 عندي شك في قدراته على حكم البلد

2 لا أشاطر الكاتب الرأي حينما طرح أن القوة هي السبيل لحل المشاكل

3 ما طرحه الكاتب بعيد عن كل اقناع

4 طرحه ليس منطقي وتحليله سطحي لايستند على أدلة دامغة

5 فشل الكاتب فشلا دريعا في إقناع القارئ برأيه

6 تغافل المتحدث رأي معارضه خلال الحملة الإنتخابية الأخيرة

13

A	أ عبّروا عن رأيكم فيما يلي
Express your opinions on the following.	

1 العمل الجاد أساس النجاح

2 الحرب مصدر خراب المجتمعات

3 الزواج المبكر سبب ارتفاع نسبة الطلاق

✓

B	ب أتمموا الجمل التالية بعبارات التلخيص المناسبة
Try to complete the following sentences with the appropriate expression of summary.	

1 .... أقول أن العمل المستمر سر النجاح

2 .... بالقول أن الصبر مفتاح كل فرج

3 .... أن السلم أساس تعايش المجتمعات

4 .... فإن التكنلوجيا مستقبل تطور المجتمعات الحديثة

1.11 Similarity 1.11 المثل

The following expressions are used to express similarity in Arabic.

على غرار ذلك – من نمط – على هذا الطراز – على هذا المنوال – شبيه
بهذا – مثل ذلك

1 حقق العداء انجازا باهرا في ألعاب القوى فطلب المدرب من كل اللاعبين تحقيق مثل ذلك

2 مدحها الأستاذ على اجتهادها وطلب منها السير على نفس المنوال

3 اتفقا على صنع طائرة على الطراز الأمريكي

✓

A	أ صلوا ما يلي بعبارات المثل وكوّنوا جملا مفيدة
Connect the following phrases using the above expressions of similarity.	

1 حاولت الدول الأوروبية تجنب الأزمة الإقتصادية – ما وقع في الولايات المتحدة الأمريكية

2 سار الطالب – أستاذه

3 صنعت روسيا طائرة – الأمريكي

1.12 Probability

1.12 الإحتمال

The following phrases are used to express uncertainty and probability.

من المحتمل أن – من المرجح أن – الأقرب إلى الظن أن

1 من المحتمل أن يزورنا صديقي هذه العطلة

2 من المرجّح أن يفوز فريق آرسنال على نظيره مانشستر

3 الأقرب إلى الظن أنه سيفوز بمسابقة هذه السنة

✓	أ	أتمموا الجمل التالية بعبارات الإحتمال المناسبة	A

Complete the following sentences with the appropriate expression of probability.

1 .... أن يلقي الرئيس خطابا بمناسبة عيد استقلال بلده

2 .... أن يزورنا صديقي اليوم

3 .... أنها ستشارك في المؤتمر السنوي

4 ....يتم تأجيل اجتماع اليوم بسبب مرض الرئيس

Consolidation exercises

✓	أ	أتمموا الجمل التالية بأدوات الربط المناسبة	A

Complete the following sentences with the appropriate connector.

1 حقّق تقدما رائعا فطلب منه أستاذه اتباع ....

2 .... فقد اختصر مكالمته في مقطعين أساسيين

3 .... في أن ما قاله صحيح رغم محاولة البعض التشكيك في طرحه

4 .... صديقي .... في أن السفر خارج البلد يعلم الطالب الإعتماد على النفس والإستقلالية

5 اعتبرت اللجنة طرحه .... لهذا رفضت نشر كتابه

ب	ضعوا مايلي في جمل مفيدة	B
	Use the following in full sentences.	

1 الأقرب إلى الظن أن ....

2 على غرار ذلك ....

3 فشل فشلا دريعا ....

4 لا أشاطر الكاتب الرأي..

5 لن أفيض في الحديث ....

ج	أكتبوا فقرة تتضمن مايلي: عبارات التعبير عن الرأي و الإحتمال والمثل	C
	Write a paragraph containing expressions of opinion, probability and similarity.	

....

....

....

....

....

1.13 عبارات للتعليق على النصوص
1.13 Expressions for commenting on texts

The following expressions are used for commenting, narrating and reporting content of texts to listeners or readers. They can also be used for summaries of texts.

يتضمن هذا النص – يحتوي هذا النص على – يشمل هذا النص – ينطوي هذا النص على – يشتمل هذا النص على – ينمّ هذا الكلام عن – يتناول هذا النص – يحوي هذا النص – يتمحور هذا النص – يتكلم هذا الفيلم عن – تتمحور هذه القصة حول

1 ينطوي هذا النص على قصة حقيقية عايشها الكاتب وهو صغيرا

2 يتضمن النص حكاية ألف ليلة وليلة

3 يشتمل هذا النص على تجربة الكاتب التي قضاها خارج بلده المغرب

4 يتناول هذا النص الأوضاع السياسية والإقتصادية في الشرق الأوسط

A	استخدموا العبارات أعلاه للحديث عن قصة قرأتها أو فيلم شاهدته	أ

Use the above phrases to narrate a story from a book or a film.

....

....

....

....

....

....

....

....

1.14 Expressing certainty and insistence 1.14 الإصرار

The following phrases and verbs are used to express insistence and often certainty.

أؤكد على – ألح على – لابد من الإعتراف بـ – أقول دون أي شئ من
الإرتياب – الحق أقول – من الواضح أنّ – من الجلي أنّ – أصرّ على

1 ألحّ الأستاذ على ضرورة تسليم الأعمال المنزليّة في وقتها المحدّد
2 أكد وزير الخارجية البريطانيّ أن البحارة البريطانيّين تمّ إلقاء القبض عليهم داخل المياه العراقية
3 الحق أقول إن فريقنا كان ضعيفا هذه السنة
4 أقول دون أي شئ من الإرتياب إن العلاقات البريطانية الإيرانية في تحسن مستمر
5 أؤكد على ضرورة التحلي بالصبر في الحالات الصعبة الشّادة

A	استعملوا العبارات أعلاه في جمل مفيدة من عندكم	أ

Use the above phrases in sentences of your own.

.... 1

.... 2

.... 3

.... 4

.... 5

1.15 Expressing your sentiments 1.15 التعبير عن الإحساس والشعور

The following phrases are used to indicate the speaker's feelings and sentiments.

قلق – منشرح الصدر – يشعر بالإكتئاب – مكدر المزاج – يشعر بالحزن والأسى – يشعر بالفرح والغبطة – يشعر بالإحباط

1 أنا قلق جدا من عدم حضوره في الوقت المناسب
2 سعيد منشرح الصدر لأنه نجح في الإمتحان الأخير
3 هي تشعر بشئ من الإحباط لفشل إبنها في دراسته
4 كل العائلة تشعر بالإكتئاب لفقدان أب العائلة في حادثة سير
5 هي مكدرة المزاج اليوم لأنها اكتشفت أن زوجها في علاقة سرية مع إمرأة أخرى.
6 يبدو العمال ناقمين بعد طردهم من العمل

A أ ضعوا مايلي في جمل مفيدة

Use the following in correct sentences.

مكدر المزاج – يشعر بالسرور/الإرتياح / الفرح – يشعر بالإنقباض/الغضب/ الإكتئاب – قلق – مبتهج

1.16 Despite 1.16 الربط باستخدام : رغم – بالرغم من – على الرغم من

1 حضر الطالب إلى الصف رغم مرضه
2 حضر الطالب إلى الصف بالرغم من مرضه
3 حضر الطالب إلى الصف على الرغم من مرضه

✓ A أ أتمموا الجمل التالية باستخدام رغم – بالرغم من – على الرغم من

Complete the following sentences with رغم – بالرغم من – على الرغم من

1 .... فشله في الإمتحان الأخير فلم يفقد أمله في التفوق في حياته
2 .... بعده عنا فقد استطاع مساعدتنا كلما احتجناه
3 وقّع على الإتفاقية .... أنه لم يكن مرتاحا لأحد بنودها
4 سافر لزيارتها .... طلاقها منه

Consolidation exercises

✓

A	أ استخرجوا عبارات الإصرار وعبارات التعبير عن الإحساس من الفقرة التالية
Find expressions of insistence and emotion in the following text.	

أنهى جابر امتحانه السنوي وخرج مبتهجا راضيا عن أدائه في الإمتحان السنوي. فرغم مرضه المزمن فقد استطاع بإرادته أن يتحدى كل العوائق الصحية. فبينما كان جل أصدقائه مكدروا المزاج عبّر جابر عن ارتياحه لأدائه في هذا الإمتحان الصعب، والغريب في الأمر أن جابر لم يشعر بالإحباط يوما في حياته. كلما تحدثت إليه كلما أصر وبثقة على أن العزيمة القوية أساس النجاح والتفوق. والجلي من شخصيته أنه طالب متميز وطموح. والحق أقول أن أمثال جابر قليلون جدا في مجتمعنا.

B	ب ضعوا ما يلي في جمل مفيدة
Use the following in full sentences.	

1 يتناول الكاتب ....

2 يتمحور هذا النص حول ....

3 تحتوي هذه الفقرة على ....

4 الحق أقول أن ....

5 منشرح الصدر ....

6 يشعر بالإحباط..

1.17 Other connectors — 1.17 روابط وتعابير أخرى

A

في هذا المقام – in this respect **وعلى صعيد آخر** – **الجدير بالذكر**/ **تجدر الإشارة إلى** – it is worth mentioning **في هذا السياق** – in this context **في هذا الصدد** – in this respect

في يوم 26 من ديسمبر عرفت آسيا الشرقية طوفانا غيّر حياة الملايين من البشر. **فعلى الرغم من** كل المحاولات لمساعدة منكوبي هذه الكوارث الطبيعية فلازالت الأغلبية تعيش بعيدا عن موطنها الأصلي. **وفي هذا الصدد** أودّ أن أشير إلى المساعدات الإنسانية التي قامت بها المنظمات الخيرية المنحدرة من كل أنحاء المعمور. **وتجدر الإشارة إلى** أن آلاف السكان لقو حتفهم بسبب الطوفان الذي لم تكن له سابقة في تاريخ العصر الحديث.

B

لن .... مثلما – يمكن .... وذلك عن - قلّ أن ..... دون أن - عليك أن .... حتى

1 لن يفيدك الابتعاد عن المشكلة مثلما يفيدك أن تجد حلا لها

2 يمكن للطالب أن يطوّر أسلوبه العربي عن طريق القراءة المستمرة

3 عليك أن تمارس الدراسة المستمرة حتى تستطيع أن تحصل على نتائج جيدة

4 قل أن يتوفق الشخص في حياته المهنية دون مشاكل

1.18 Negation — 1.18 أدوات النفي المفردة

لم negates the present tense in Arabic, and as a consequence it takes a jussive (*sukun*) form. This form is reflected in the use of *sukun* in single forms, and the dropping of the ن in both the dual form and plural masculine forms.

1– لم : حرف نفي وجزم، وهي تدخل على الفعل المضارع وتحوله مجزوما. والجزم أنواع حسب نوع الفعل:

يجزم بحذف حركة الضمة فيصبح (لم يدرّسْ)، والفعل المضارع المعتل الآخر يجزم بحذف حرف العلة **ينمو** تُصبح لم **ينمُ**...، والأفعال المضارعة مثل: يدرسان، تدرسان، يدرسون ، تدرسون، تدرسين تجزم وعلامة جزمها حذف النون).

لم يكتبا – لم يعملا – لم يدرسوا – لم تدرسي

لا: تنفي المضارع.

2– **لن**: تقوم بنفي المضارع وتنصبه بالفتحة في تصريفه المفرد ، وأمّا الأفعال الخمسة فتنصب بحذف نونها.

3– **ليس**: تعتبر من أخوات كان ؛ فهي تدخل على الجملة الاسمية (من مبتدأ وخبر)، فترفع الأول ويسمّى اسمها، وتنصب الثاني ويسمّى خبرها.

Negation in context — صياغة أدوات النفي

– لم+ فعل مضارع مجزوم...(فحسب) ، بل...(أيضاً).
لم يقم بزيارة أهله فحسب ، بل شارك في المؤتمر السنوي أيضا

– لم + فعل مضارع مجزوم..(فقط)، بل... (كذلك).
لم يقم بزيارة أهله فقط ، بل شارك في المؤتمر السنوي كذلك

– لا + فعل مضارع مرفوع...فحسب (فقط)، بل ..أيضاً.
لا يدرس فقط ، بل يعمل خلال وقت فراغه أيضا

– لن + فعل مضارع منصوب.. فحسب(فقط)، بل ..كذلك.
لن يدرس فقط ، بل سيعمل خلال وقت فراغه كذلك.

– ليس + جملة اسمية ... فحسب (فقط)، بل ..كذلك.
ليس هذا الطالب ذكيا فحسب ، بل ذو أخلاق عالية

أ أتمموا الجمل التالية بأدوات النفي المناسبة	A
Complete the following sentences with the appropriate expression of negation.	

1 من ...... يعمل لن ينجح
2 .... التغيير ضروريا في هذا الوقت
3 ...... تتدخل فيما ...... يعنيك حتى .... تسمع ما .... يرضيك
4 .... يغيّر أسلوب تعامله معنا منذ زمن طويل
5 .... يحضر الدرس غدا لأن أمه مريضة جدا

1.19 Exception

1.19 أدوات الإستثناء

المستثنى بإلا

1 جاء أهل المدينة إلا سعدا
2 سقيت كل الفواكه إلا فاكهة
3 عادت الطيور إلا طائرا

The noun after *illa* is called *mustath'na* (what is included) and the one before it is called *mustath'na minhu* (what is excepted). In affirmative sentences and where the *mustath'na minhu* is present, the *mustath'na* is always *manssub* (accusative).

4 لم يلعب اللاعبون إلا لاعبا (لاعب)
5 ما حضر الأبناء إلى الحفل إلا واحدا (واحد)

If *mustath'na* occurs in a negative sentence and *mustath'na minhu* is present, the *mustath'na* can either be accusative or take the same grammatical function as the *mustath'na minhu*.

6 لا ينتصر إلا الشجاع
7 ما قطفت إلا الوردة

If the *mustath'na minhu* is omitted from the sentences, then the *mustath'na* will take the grammatical case according to its position in the sentence as if *illa* is not there.

المستثنى بغير وسوى

حكم "غير" و "سوى" في الاستثناء هو حكم المستثنى بالا

1 جاء أهل المدينة غير سعد
2 سقيت كل الفواكه سوى فاكهة
3 لم يلعب اللاعبون غير لاعب

المستثنى ب"خلا وعدا وحاشا"

إذا تجردت خلا وعدا وحاشا من "ما" المصدرية وجب في المستثنى الجر والنصب:

1 انهزم الجنود خلا (عدا، حاشا) قائدهم

- وإذا سبقتها "ما" المصدرية تعيّن كونها أفعالا، وكون المستثنى بها مفعولا به:
انهزم الجنود ما خلا (ماعدا) قائدهم.
المستثنى ب " ولا سيما"
- إذا كان المستثنى ب "ولا سيما" معرفة جاز فيه الرفع والجر :
أكره الأعمال غير أخلاقية ولاسيما النّميمة
- وإذا كان نكرة جاز فيه الرفع و الجرّ والنصب :
أكره الأعمال غير أخلاقية ولاسيما النّميمة

A	أ أكملوا ما يلي بمستثنى مناسب واضبطوه بالشكل
Complete the following with appropriate مستثنى	

1 في صفنا طلاب من كل البلدان إلا ....
2 فازت الطالبات سوى ....
3 حضرت الأسرة إلى الحفل ما خلا ....
4 اشتريت كل اللوازم المدرسية سوى ....
5 أحب أصدقائي كثيرا ولاسيما ....

1.20 Conditional particles 1.20 أدوات الربط في الجمل الشّرطيّة

Conditional sentences in Arabic consist of two main clauses: the conditional clause and the answer clause of the conditional. There are two types of conditional, the likely and unlikely, both of which are introduced with different conditional particles.

- The unlikely condition is introduced by لو.
- The likely condition is often introduced by إنْ and إذا

تتكون الجملة الشرطية من جزأين يكون لهما معنا مخالفا لكن مرتبطان بأداة شرط تجعلهم جملة واحدة

أ – أدوات شرط جازمة: ويكون فعل الشرط وجواب الشرط فيها إما فعلاً ماضياً وإما فعلاً مضارعاً مجزوماً. وهي : إنْ، من، ما، مهما، متى، أين، أينما، أنّى،حيثما، كيفما، أيّ.

ب – أدوات شرط غير جازمة ويكون فعل الشرط وجواب الشرط فيها فعلاً ماضياً، وهي: إذا، كلما، لو، لولا.

تنقسم جملة الشرط إلى قسمين أساسين:
جملة الشرط وجواب الشرط تربط هاتين الجملتين أداة شرط. منها:
(إذا) و (إن) و(لو) هي (لم).

أمثلة:

1 هي طالبة مجتهدة لهذا سأساعدها كثيرا.
2 إذا كانت مجتهدة فسأساعدها كثيرا.
3 لو كانت مجتهدة لساعدتها.

A	أ أكملوا الجمل التالية بجواب الشرط المناسب
Complete the following sentences with the appropriate answering clause.	

1 إن تحضروا دروسكم ....
2 متى تستمعوا إلى نصائح آبائكم ....
3 لو تعمل كثيرا ....
4 أينما تذهب ....
5 مهما تدرس ....

1.21 Particles of necessity — 1.21 استعمال (لابد) في الربط بين الجمل

The use of لابد expresses necessity and obligation. It can be followed by different particles and prepositions, which do not affect its meaning.

لابد: تعني يجب أو ينبغي وتدل على فعل الضرورة أو الاضطرار لفعل أمر ما

1 لا بدّ أنّ + جملة إسمية (أنّ + الجملة الاسمية في محل رفع خبر لا).
لا بد أنّ الطالب يعمل ما في جهده حتى ينجح

2 لا بدّ أنْ + فعل مضارع منصوب.
لا بد أن يعمل الطالب لكي ينجح

3 لا بدّ من + مصدر:
لابد من العمل المستمر لتحقيق السلم والسلام في الشرق الأوسط

4 لا بدّ ل+ اسم/ ضمير + (من) أنْ + فعل مضارع منصوب
لا بد للطالب أن يعمل حتي ينجح

5 لابدّ ل+ اسم/ ضمير + من + مصدر،
لا بد لها من الصبر حتى ينجح زواجها

أ	اعطوا جملا تكون فيها لابد في الحالات التالية	A

Use لابد *in the following cases.*

1 لا بد أن ....

2 لابد من + مصدر ....

3 لابدّ ل+ إسم/ ضمير + من + مصدر.............................

4 لا بدّ ل+ إسم/ ضمير + (من) أنْ + فعل مضارع منصوب ....
....

Consolidation exercises

أ	أ. استخرجوا أدوات الربط الموجودة في النص التالي	A

Find the connectors used in this text.

دقّ جرس المدرسة فدخل التلاميذ غير سعيد فقد تأخر عن موعد الدراسة. لم تكن هذه هي المرة الأولى التي تأخر فيها سعيد عن وقت الدراسة بل تمّ تحذيره مرات عديدة عن عدم انضباطه. دعا مدير المدرسة والد سعيد للحضور إلى المدرسة لإطلاعه على تقدم سعيد. وفي اليوم التالي حضر والد سعيد إلى المدرسة وهو لا يعلم سبب استدعائه ولأول مرة لمقابلة المدير. ظن أن الأمر مهم جدا. أبلغه المدير بعدم انضباط ابنه وأن المدرسة أخذت قرار فصله. أسف الأب وطلب من المدير منح ابنه فرصة ثانية. وأكد أنه لابد من اتخاذ ظروف سعيد العائلية بعين الإعتبار. قبل المدير إلتماس الأب واتفقا على ضرورة مساعدة سعيد الذي فقد أمه وهو صغير السن.

1.22 Writing paragraphs — 1.22 كتابة الفقرات

What is a paragraph?

A paragraph in Arabic consists of a set of ideas linked in a coherent and cohesive way in the form of sentences. In literary Arabic texts, a paragraph can serve to support the main idea of the report or essay in a well-crafted manner. Its sentences and ideas should be well presented and linked.

What to include in a paragraph

The content of your paragraph should not be separated from the main idea of your essay or piece of writing. Once you have selected your main idea, you then need to start thinking of supporting ideas which you can elaborate in paragraphs in order to support your main idea and argument.

Consider the following example.

Main idea — التدخين مضر للصحة

To support the main idea, you need sub-ideas to elaborate the main idea further. These supporting ideas will constitute paragraphs.

Paragraph 1: الإصابة بالسعال والصفرة

Paragraph 2: الإصابة بأمراض الرئة المزمنة

Paragraph 3: إلتهاب القصبات الهوائية وصعوبة التنفس

You will need to elaborate every supporting idea by giving examples or stating cases. Then, you will need to think of linking the paragraphs together by using some of the connectors we have introduced in earlier sections.

A — أ أكتبوا فقرة عن فوائد السفر خارج الوطن

Write a paragraph on the advantages of travelling outside your country.

Use a separate piece of paper for your work.

Unit review exercises

1 اربطوا الجمل التالية باستخدام رغم أن **1**

Connect the following sentences using رغم أن

1 نجح أحمد في الإمتحان – كان الإمتحان صعبا
2 التحقت أختي بمدرسة المعلمين – أختي تحب مدرسة الأطباء
3 لم يحس الأب بالراحة – استراح قليلا
4 كسب التاجر مالا كثيرا – التاجر باع قليلا
5 اختار قضاء العطلة في مدينته – أعطاه أبوه فرصة السفر خارج مدينته

2 اربطوا الجملتين بأحد الروابط المناسبة **2**

Link the following sentences with appropriate conjunctions.

1 نجحت فاطمة في الإمتحان – حصلت على المرتبة الأولى في صفها
2 يأخذ الراعي الأغنام إلى المزرعة – يجلس يعزف بمزماره ويستمتع بالطبيعة
3 أصاب الولد الغضب الشديد – فقدان قطته الجميلة

3 استخدموا الروابط المناسبة وصلوا الجمل التالية **3**

Form a cohesive paragraph using the appropriate connectors.

1 استيقظ باكرا من النوم /استحم / ارتدى ملابسه الأنيقة / خرج إلى المدرسة / قضى اليوم كله في المدرسة/ عاد إلى البيت في المساء
2 كان أحمد راعيا ، يرعى الأغنام ، يأخذها قبل طلوع الشمس إلى المرعى حيث الأعشاب بعيدا عن القرية. كان أحمد يأخذ معه زاده اليومي من الطعام. يصاحبه كلبه ومزماره. في المرعى يجلس أحمد يعزف

بمزماره بينما الأغنام ترعى والكلب يجري حولها. يقضي أحمد يومه مع أغنامه مسرورا مبتهجا. يعود في المساء متقدما قطيعه والإبتسامة تغمر وجهه.

✓

4 أتمموا الفراغات التالية بروابط مناسبة من عندكم	4
Fill in the blanks with the appropriate connectors.	

يدرس محمد .... خالد في نفس المدرسة............ يسكنان في نفس الحي. ينحدر خالد من عائلة ثرية .... محمد من عائلة فقيرة جدا. ذات يوم جاء محمد إلى المدرسة حزينا .... أباه فقد وظيفته .... إفلاس الشركة التي يعمل فيها. لاحظ خالد تغير مزاج محمد فسأله عن .... غياب ابتسامته. حكى محمد قصته لصديقه المخلص الذي بكى من شدة تعاطفه مع صديقه. فكر خالد مليا فطلب لقاء مدير المدرسة .... حكى له قصة صديقه محمد وطلب من المدير مساعدته. قبل المدير تشغيل أب محمد مؤقتا في المدرسة حتى يجد وظيفة مناسبة. فرح محمد بقرار المدير .... شكر صديقه خالد على إهتمامه.

5 كوّنوا فقرة بملئ الفراغات المناسبة	5
Form a paragraph by completing the blanks below.	

أولا .... ثانيا...................... ثالثا .... وبالإضافة إلى ذلك...............................

وعلاوة على ذلك.......................... إلى جانب ذلك............................... زد على ذلك.

✓

6 أتمموا الجمل التالية مستخدمين عبارات الإصرار المناسبة:	6
Use expressions of insistence to complete to the following sentences.	

1 .... الوزير على محاربة الفقر في افريقيا
2 .... مدرب الفريق فوز لاعبه بجائزة أحسن لاعب
3 .... الرؤساء على وقف العنف والرجوع إلى مائدة المفاوضات
4 .... إن هذا الطالب من أذكى الطلاب

✓

7 أربطوا الجمل التالية مستخدمين عبارات الإستدراك	7
Link the following sentences using adversative conjunctions.	

1 يعد جون من أذكى الطلاب - يعتبر مارك من أضعفهم
2 هطلت الأمطار بغزارة في أوروبا – ساد الجفاف القارّة الإفريقية

3 اتهمت روسيا الولايات المتحدة بالتدخل في شؤونها – نفى الرئيس الأمريكي ذلك

4 هاجرت خارج بلدها بحثا عن العلم والتعلم – لم تفلح في ذلك

5 ساعده أبوه في دراسته – لم يساعده بعد تخرجه

6 أكد الطالب أنه يحترم أستاذه – لايتفق معه في الرأي

8	ضعوا مايلي في جمل مفيدة 8

Use the following in correct sentences.

لهذا السبب – وعلى صعيد آخر – على هذا المنوال – بيد أن – وعلى غرارذلك – من جهة ثانية – من المرجح أن – ومن جراء ذلك – لن أطيل في الشرح – لن أفيض في الحديث

9	استخدموا بعض من الروابط أعلاه وكونوا فقرة متماسكة من الأفكار التالية: 9

Form a coherent paragraph using the appropriate connectors.

1 يتّجه النّاخبون إلى صناديق الإقتراع

2 ترحّب مراكز الاقتراع بالناخبين

3 يتّم الإدلاء بالأصوات في سريّة تامة

4 يتّم فرز الأصوات

5 إعلان المرشح الفائز

✓

10	أكملوا ما يأتي بمستثنى مناسب ، واضبطوه بالشكل: 10

Complete the following sentences with the appropriate مستثنى

1 في بلادنا معادن كثيرة إلا..

2 نجا الجنود عدا..

3 غادرت الطائرات المطار ما خلا..

4 لم يحضر الطلاب إلا..

5 ما كتبت سوى..

6 نجت الحيوانات غير..

7 ما فشل إلا ....

8 أحب الطلاب ولاسيما ....

9 فازت الفرق ما خلا ....

10 حضر الأساتذة عدا..

| 11 | **11** عبّروا عما يأتي بأسلوب استثناء |

Use one of the following إلا – سوى – غير – ما عدا – حاشا *and change these sentences.*

1 لم يشارك المريض الموظفين في الرحلة

....

2 فهمت القصة قبل كتابتها وبقي منها ثلاثة فصول.

....

3 أقضي اليوم في العمل وأنام سبع ساعات

....

4 جاء الأصدقاء وتأخر سعيد

....

| 12 | **12** أكتبوا فقرة صغيرة تتضمن المستثنى ب إلا – سوى – غير – ما عدا – حاشا |

Write a short paragraph containing the following: المستثنى بإلا
سوى – غير – ما عدا – حاشا

Use a separate piece of paper for your work.

13	استعملوا مايلي في جمل مفيدة

Use the following in correct sentences.

من جراء – لهذا الغرض – أما .... ف - رغم أن – قد + واو الحال – سواء كان .... أم .

✓	14	اربطوا الجمل التالية باستخدام واو الحال

Use واو الحال to connect the following sentences.

1 التقى بأهله – غمرته الفرحة الشديدة
2 رجع إلى بيتهم – لا يعرف نتيجة الإمتحانات
3 زارت الطبيب – شاهدت أبوها

✓	15	غيّر الحال فيما يلي إلى جملة حال

Replace the حال in the following sentences by جملة حال

1 خرج اللاعبون من الملعب منهزمين

....

2 رجع الطلاب إلى الجامعة فرحين

....

3 بدأ عمله اليوم محتارا عن سبب غيابها

....

4 شاهدتهم متعبين

....

5 حضر الأبناء إلى البيت مسرعين

....

6 دخل الطبيب إلى المصحة مبتسما

....

7 رجع الزائرون إلى بلدهم متعبين

....

| 16 | إملئوا الفراغات بـ: قبل أن – قبل – بعد أن – بعد | 16 | ✔ |

Complete the blanks with one of the following. قبل أن – قبل – بعد أن – بعد

1   سيعطي محاضرته الأخيرة اليوم .... يغادر الجامعة.

2   سألتقي به .... وصوله إلى مطار محمد الخامس بالدار البيضاء.

3   زرناه .... سفره إلى انجلترا لمتابعة دراسته

4   تمّ إعادة بناء العراق .... الحرب الأمريكية على هذا البلد

5   عاد إلى بلده .... أنهى دراسته بنجاح

6   عبّر لها عن حبه الخالص .... الزواج بها

7   اتصل بأهله .... سماعه بمرض والده

8   عيّن أستاذا بهذه الجامعة .... أنهى الدكتوراه

| 17 | ترجموا مايلي إلى اللغة العربية | 17 |

Translate the following into Arabic.

1   He wrote to her before leaving Morocco for Spain.

....

2   He visited his friends before he joined the army.

....

3   She accepted his marriage proposal before consulting her family.

....

4   The committee postponed its annual meeting after receiving the news that the chairman was gravely ill.

....

5   He arrived back home after his mother had left.

....

✓ 18 | املئوا الفراغات باسم موصول مناسب 18

Complete the blanks with appropriate relative pronouns.

1 طالعت الكتاب .... اشتريت الأسبوع الماضي
2 الأستاذان .... عيّنا في هذه الجامعة هما من أصل مغربي
3 الأطباء .... أجروا العملية سيحضرون المؤتمر الصحفي اليوم
4 قام بزيارة صديقه .... سجن مؤخرا بسبب خرق القانون.
5 الأم .... حصلت على جائزة أحسن معلمة انتقلت إلى جوار ربّها اليوم.
6 اشترى الأغراض .... طلبتها منه زوجته.
7 الولدان .... يلعبان خارج البيت هما ولدا جارنا.
8 درست المقالين .... نشرا في المجلة الأسبوع الماضي.
9 المديرة .... زارتنا تسكن في قريتنا.

✓ 19 | استخدموا الروابط المناسبة لتكوين جملة مفيدة 19

Link the following sentences using the appropriate connectors.

1 عدم اهتمامه بدراسته – فشله في الإمتحان الأخير
2 كثرة الشغل – يعمل ليل نهار
3 مؤتمر الصحة العالمي – سافروا إلى الخارج
4 عيّن نائبا للرئيس – مرضه المزمن

✓ 20 | أكملوا الجمل التالية باستخدام أداة الشرط المناسبة 20

Complete the following blanks with the appropriate conditional particle.

1 .... تعمل كثيرا تصبح مرهقا
2 .... يحل الربيع يكثر الإخضرار
3 .... تزرنا نكرمك
4 .... تسافر تجد المحسنين
5 .... تذهب تجد اختلافا في طبائع الناس

| 21 | أكتبوا فقرة صغيرة عن الإنتخابات في بلدكم تستخدمون فيها عبارات الإستثناء والتعبير عن الشعور | 21 |

Use expressions of exception and emotion in a paragraph about elections in your country.

....

....

....

....

....

....

....

....

....

....

....

| 22 | أكتبوا موضوعا قصيرا عن رحلة قمتم بها خارج بلدكم. حاولوا استخدام الروابط المذكورة أعلاه | 22 |

Write a paragraph on a trip you have made or would like to make overseas, using the connectors you have studied so far.

....

....

....

....

....

....

....

....

....

UNIT 2: LETTERS الوحدة الثانية: الرسائل

The development of technology and modern means of communication in the Arab world are not available to everyone. The vast majority of people still rely on traditional means of communication such as letters. Writing and receiving letters is highly valued in Arabic culture. Arabic society is very cohesive by its nature, and maintaining contact, or what is called *'silat arahim',* is a duty of every individual. Writing letters in Arabic can be different from, say, the way we write English letters, especially in personal letters. Here is how to write letters in Arabic.

2.1 Personal letters 2.1 رسالة شخصية

Personal letters are written to friends, family and relatives. They are often considered informal. One of the characteristics of personal letters is information about the welfare of the addressee. In Arabic culture it is appropriate to ask about one's health, family and friends in great detail. In some personal letters greetings are extended to every member of the family. Although some people use colloquial language in their personal letters, modern standard Arabic remains the language used in personal letters.

1 علام تحتوي الرسالة الشخصية؟
2 اعطوا بعض التحايا التي يمكن استعمالها في أول الرسالة
3 متى كتبت آخر رسالة شخصية ولمن؟

اقرأوا الرسالة التالية الموجهة من سعيد إلى صديقه محمود واجيبوا عن الأسئلة أسفله

The following letter is written by Said to his friend Mahmood; read it and answer the questions below.

تحية
رسل
إليه

التاريخ والمكان

التحية
افتتاح
الرسالة

الجزائر في 23 أكتوبر 2008

صديقي العزيز محمود

تحية طيبة وبعد،

يسعدني أن أخطط لك هذه السطور لأعبر فيها عن شوقي لك ولعائلتك الكريمة.
كما تعلم صديقي لقد وصلت إلى بريطانيا العظمى لإستئناف دراستي العليا. بريطانيا بلد يختلف اختلافا كليا عن بلدنا الجزائر. هناك اختلاف كبير في العادات والتقاليد والممارسات الإجتماعية. أغلب الشعب البريطاني شعب مسيحي رغم وجود أقليات مختلفة لها عاداتها وتقاليدها الخاصة. لقد قابلت أناسا كثيرين وارتحت لمعاملتهم واحترامهم لي ولعاداتي وتقاليدي.
زرت مدنا عديدة منها لندن ومانشستر وبرمنغهام. أعجبتني مدينة لندن كثيرا وأحببت تنوع الثقافات والحركة المستمرة فيها.

الطقس في بريطانيا بارد للغاية ، لكن كل البنايات مجهزة بوسائل التدفئة ولهذا لا نشعر بالبرد ونحن داخل البنايات. أما مستوى الحياة في بريطانيا فهو جيّد جدا، لكن مستوى المعيشة غال جدا.

أتمنى أن تجدكم رسالتي القصيرة هاته في أحسن الظروف و الأحوال.

تحية اختتام الرسالة

صديقكم المخلص

سعيد

اختتام الرسالة

أ	اقرأوا الرسالة التالية بإمعان واستخرجوا مايلي	A
	Read the above letter carefully and find the following.	

1 هيكل الرسالة

2 العبارات المستخدمة في الرسالة والتي يمكن الإستفادة منها في كتابة رسائل أخرى مشابهة

ب	أجيبوا عن الأسئلة التالية	B
	Answer the following questions.	

1 من هو كاتب الرسالة؟

....

2 ماهو البلد الذي زاره الكاتب؟

....

3 قارن الكاتب الوضع في الجزائر وبريطانيا ، فماذا قال؟

....

4 هل أحب الكاتب البلد الجديد؟

....

ج	استخرجوا من النص العبارات التي تعبر عن مايلي	C
	Find the following in the letter.	

1 تحية افتتاح الرسالة

2 عبارات اختتام الرسالة

The structure of a letter

هيكل الرسالة:

تتكون الرسالة من الهيكل التالي

A letter consists of the following main headings.

- تاريخ كتابة الرسالة — Date of writing
  - اليوم – الشهر – السنة

  10 آب (أغسطس) 2008

- تحية المرسل إليه — Greeting the addressee

  عزيزي /عزيزتي – صديقي الحميم / صديقتي الحميمة – أخي العزيز/أختي العزيزة – حبيبي / حبيبتي – أخي الكريم/أختي الكريمة

- تحية الإفتتاح — Opening greeting

  تحية طيبة وبعد ، – أطيب التحيات وبعد ،- تحية طيبة مباركة ، – السلام عليكم ورحمة الله ، يسعدني ويشرفني أن أكتب لك هذه الرسالة ، - أنا سعيد كل السعادة وانا أخطط لك هذه السطور- إنه لمن دواع الفرح والسرور أن أكتب لك هذه الرسالة

- مضمون الرسالة — Main body of the letter
  - تحية النهاية — End greeting

  مع أطيب متمنياتنا لكم ....

  إلى اللقاء القريب في رسائل أخرى

  وختاما تقبلوا محبتي لكم

  بلغ تحياتي إلى جميع الأهل والأحباب

  اترككم في أماني الله وحفظه

  والسلام عليكم ورحمة الله

- النهاية:

المخلص / المخلصة

حبيبك المحب

والدتك الحنونة

ابنكم المطيع

أخوكم البار

صديقكم الوفي

- توقيع الرسالة — *Signature*

The following is a summary of the structure of a personal letter:

التاريخ : ....

تحية المرسل إليه: عزيزي /عزيزتي ....

تحية الإفتتاح: تحية طيبة وبعد , الحمد لله.........

....

....

....

....

....

....

الموضوع:

....

....

....

....

....

تحية النهاية:

مع أطيب تمنياتي لكم ولأسرتكم الكريمة .

الخاتمة: صديقك المخلص (ة)

التوقيع: نديم الشعراوي/ كريمة ماجد

1 أكتبوا رسالة شخصية إلى عائلتكم أو أصدقائكم تحدثوهم فيها عن أحوالكم الشخصية
Write a personal letter to your friends, describing your personal circumstances.

2 أكتبوا رسالة شخصية لزملائكم في الصف تحدثوهم فيها عن زيارتكم لبلد في الشرق الأوسط.
Describe a visit you made to the Middle East in a letter to your friends.

2.2 Congratulation letters 2.2 رسالة تهنئة

Congratulation letters are written in Arabic to celebrate personal achievements, religious occasions, such as Eid El-fitr and Eid Al-Adha, and national days, such as days of independence. The letter should be designed to express your happiness and congratulations to the recipient. Arabic congratulation letters usually contain some religious phrases, for example thanking the Lord for the occasion in question.

Tips on writing effective congratulation letters

- They are ways of celebrating happy events with friends, family members or relatives.
- They should express your delight as well as praise the recipient.
- They should not be too emotional in expressing congratulations.

1 علام تحتوي رسائل التهنئة؟

2 ماهي المناسبات التي نكتب فيها رسائل التهنئة؟

الكويت في 2008/09/10

عزيزي سعيد ،

تحية طيبة مفعمة بالحب والإخلاص
يطيب لي أن أبعث لكم هذه الرسالة لأقدم لكم أجمل تحياتي وتهاني الخالصة الممزوجة بالفرح والسعادة بمناسبة نجاحكم الباهر في الإمتحان الجامعيّ الأخير.
لم يكن يشوبني أذنى شك في حصولكم على هذه النتيجة السارّة. لقد شمّرتم على ساعد الجد والإجتهاد خلال سنوات دراستكم. أتمنى لكم حظا سعيدا في الحصول على وظيفة مناسبة في المستقبل القريب.

وختاما أسأل الله أن يحفظكم ويرعاكم ويعطيّكم الصّحة والعافيّة.

أخوكم
حليم

| أ | اقرأوا الرسالة أعلاه واستخرجوا منها عبارات التهنئة | A |

Find the expressions of congratulation used in the above letter.

.... **1**

.... **2**

.... **3**

.... **4**

B	ب اقرأوا الرسالة أعلاه وأجيبوا عن الأسئلة التالية
Answer these questions from the above letter.	

1 حدّد المرسل في الرسالة التالية؟

....

2 لمن كتبت الرسالة؟

....

3 ما هو موضوع الرسالة؟

....

4 بماذا اختتمت الرسالة؟

....

C	ج حدّدوا هيكل الرسالة أعلاه
Analyse the structure of the above letter.	

....

....

....

....

....

....

....

....

....

....

....

The following are some of the expressions used in congratulation letters.

مقدمة:

1 تلقيت نبأ نجاحكم بكل فرح وبهجة

2 بمشاعر الغبطة والسرور تلقيت دعوتكم حضور حفل زفاف (سعيد و خديجة)

3 أنتهز هذه الفرصة الغالية لأعبّر عن تهاني الحارّة لفوزكم بجائزة ....
4 يطيب لي أن أبعث لكم بتهاني القلبية
5 يفرحني أن أبعث لكم بتهاني الخاصة بمناسبة زفافكم

خاتمة:

1 وختاما أكرّر تهاني الحارّة لكم
2 وفي الختام اسمحوا لي أن أعبّر عن فرحتي وسعادتي لخبركم هذا
3 وتقبلوا تحياتي المفعمة بالحب والإخلاص
4 وتقبلوا أجمل تحياتي وتهاني الخالصة الممزوجة بالفرح والسعادة
5 وتقبلوا بقبول أخلص المتمنيات والتّهاني
6 لازالت حياتكم عامرة بالأفراح والمسرات

D	أكتبوا رسالة تهنئة إلى أحد أصدقائكم بمناسبة زواجهم – استخدموا العبارات أعلاه	د

Use the above expressions to write a letter of congratulation to your friends on the occasion of their marriage.

2.3 Responding to a congratulations letter 2.3 الرد على رسالة التهنئة

بيروت أبريل 2008

صديقي الفاضل جعفر:

تحية طيبة وبعد،

أودّ أن أشكركم جزيل الشكر على رسالتكم التي تكرمتم بارسالها بمناسبة ترقيتي إلى عميد الكلية. لقد بينتم من خلال رسالتكم اللطيفة عن صدق اخوتكم وصداقتكم المثينة.

ويسرني أن أخبركم أني قد باشرت عملي في المنصب الجديد. فأرجو من الله العلي القدير أن يوفقني ويجعلني فاتح خير لهذه المؤسسة.

مرة أخرى تقبلوا شكري وامتناني وأتمنى لكم السعادة والسرور في حياتكم.

أخوكم
حليم

✓

A	أ إقرأوا الرد أعلاه وأجيبوا عن الأسئلة التالية

Answer the following questions from the above letter.

1 ماذا تضمّن الردّ على الرسالة؟

....

2 ما سبب شكر جعفر لحليم؟

....

3 هل مارس حليم عمله الجديد؟

....

4 بماذا اختتم حليم رسالته؟

....

....

B	ب أكتبوا رسالة تهنئة

Write a letter of congratulation.

أ. لصديق حصل على الدكتوراه

ب. لأحد أفراد العائلة بمناسبة ترقيّة في الشغل

ج. بمناسبة زفاف أحد الأصدقاء

د. بمناسبة زواج أحد الأصدقاء لنشره في جريدتك المحلية

2.4 Love letter   2.4 رسالة حب

1 لمن يتمّ كتابة رسالة حب؟

2 متى كتبت آخر رسالة حب ولمن؟

We write love letters to beloved friends, relatives and parents. In these letters we express our feeling of love to the recipient. Love letters are written to express how much we miss our beloved ones.

Before you commence writing your letter, make sure you select vocabulary which will enable you to express your emotions and feelings of love.

1 **Presentation.** A well-presented letter can add to its substance. Make sure your letter is clearly written.

2 Greeting. Choose your greetings carefully. The Arabic language offers a wide range of these:

عزيزتي .... / حبيبتي....... عزيزي / حبيبي

3 Beginning. Indicate the reason for writing him/her such a letter. Be caring and choose good reasons that will make your partner feel more appreciated.

عندما رجعت إلى بيتي ولم أجدك أمامي.....................

غيابك عن أنظاري...

4 Body. Express your feelings of love towards your beloved wife, parents, friends, etc. Indicate how important they are in your life. Use romantic and attractive language. Incorporate some poetry in your letter if you can.

5 Closing. End your love letter with a carefully drafted statement in which you express your everlasting love.

أتمنى أن يبقى حبنا أبديا رغم البعد

The following letter expresses the writer's sentiments and love towards his wife, Nadia.

Sample 1

نموذج 1

ليدز في 16 فبراير 2007

زوجتي العزيزة نادية

قد تزول الأيام وتتعاقب الفصول والأعوام ولا تبقى سوى البصمات مسطرة على ورقة التاريخ. قد تكون أياما جميلة حلوة تجعل قلبك ينشرح كلما عادت الذاكرة إلى الوراء وقد تكون أياما مرّة تجعلك تحزن كلما تذكرتها. لقد رجعت إلى أوروبا ومعي تلك الذكريات الغالية التي جعلتني أفكر فيك كل لحظة وكل ثانية. الحياة بدونك ياغالية تبقى صعبة والأيام بعيدا عنك تبقى طويلة.

رغم انشغالاتي الدائمة إلا أني لم أستطع أن أنساك رمشة عين.

أتمنى أن تكوني عزيزتي في أحسن الأحوال والظروف. سيأتي يوما مشهودا نلتقي فيه لنحكي عن ذكرياتنا الغالية من جديد.

أتمنى أن يبقى حبنا أبديا رغم البعد.

زوجك الغالي
عزيز

أ	استخرجوا العبارات التي تدل على الحب في الرسالة أعلاه	A

Find the expressions of love in the above letter.

1 ....

2 ....

3 ....

4 ....

ب	إقرأوا الرسالة أعلاه مرة أخرى وأجيبوا عن الأسئلة التالية	B	✔

Answer the following questions from the above letter.

1 من أين كتبت الرسالة؟

....

2 من هو كاتب الرسالة؟

....

3 كيف يصف الكاتب الحياة بعيدا عن زوجته؟

....

4 ما هي متمنيات الكاتب؟

....

ج	حدّدوا هيكل الرسالة أعلاه	C

Analyse the structure of the above letter.

....

....

....

....

....

....

....

....

....

Expressions of love عبارات التعبير عن الحب يمكن استخدامها شفهيا وكتابيا

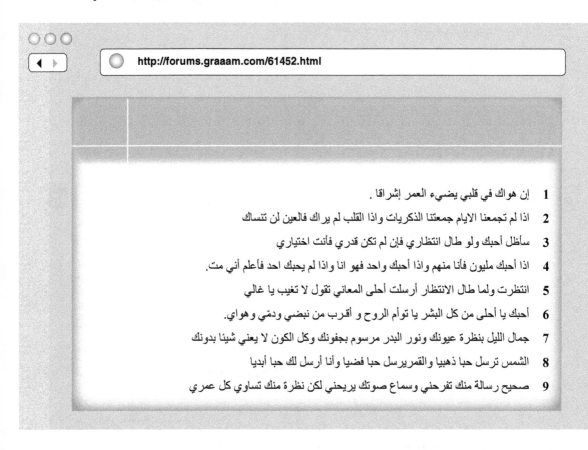

http://forums.graaam.com/61452.html

1 إن هواك في قلبي يضيء العمر إشراقا .

2 اذا لم تجمعنا الايام جمعتنا الذكريات واذا القلب لم يراك فالعين لن تنساك

3 سأظل أحبك ولو طال انتظاري فإن لم تكن قدري فأنت اختياري

4 اذا أحبك مليون فأنا منهم واذا أحبك واحد فهو انا واذا لم يحبك احد فأعلم أني مت.

5 انتظرت ولما طال الانتظار أرسلت أحلى المعاني تقول لا تغيب يا غالي

6 أحبك يا أحلى من كل البشر يا توأم الروح و أقرب من نبضي ودمّي وهواي.

7 جمال الليل بنظرة عيونك ونور البدر مرسوم بجفونك وكل الكون لا يعني شيئا بدونك

8 الشمس ترسل حبا ذهبيا والقمريرسل حبا فضيا وأنا أرسل لك حبا أبديا

9 صحيح رسالة منك تفرحني وسماع صوتك يريحني لكن نظرة منك تساوي كل عمري

Sample 2   نموذج 2

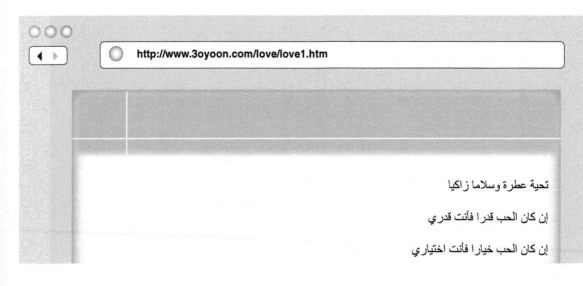

http://www.3oyoon.com/love/love1.htm

تحية عطرة وسلاما زاكيا

إن كان الحب قدرا فأنت قدري

إن كان الحب خيارا فأنت اختياري

إليك أيتها الفتاة التي ملكت قلبي واسرت فؤادي وتحكمت في أحاسيسي ومشاعري ، إليك حبيبتي أبعث باقات من زهور العمر محملة بعطر المحبة ، حبيبتي لقد عرفت أن للحب لذة وللحياة معنى وذلك عندما أحببتك ، لقد نما حبك بداخلي حتى تملكني فصرت أسيرا في ذلك الحب.

حبيبتي إني أحمل في داخلي كل متناقضات العالم من أمل ويأس وفرح وحزن وسعادة وشقاء فأنا سعيد بحبك شقي لبعدك.

لقد انتشلتني من عالم الأحزان الذي أنا فيه فإذا بحصان حبك ينقلني من عالم الارض إلى جنة السعادة التي تظللها سماء حبك الطاهر.

حبيبتي إني لا اخفيك بأن قلبي كان صحراء قاحلة ولكن عندما أحببتك تحولت تلك الصحراء القاحلة إلى جنة غناء يرويها حبك ويرعاها طيفك.

حبيبتي أريد أن أصرخ بأعلى صوت ، أريد أن أكتب بكل أقلام العالم : أحبك

أ	✓	أجيبوا عن الأسئلة التالية

A

Answer the following questions.

1 ما هي المتناقضات التي يحملها الكاتب في داخله؟

....

2 كيف يصف الكاتب عالمه قبل الإلتقاء بحبيبته؟

....

3 يقارن الكاتب إحساسه بصحراء وجنة ، ماذا يقول؟

....

4 استخرجوا عبارات الأمل والسعادة من النص؟

....

5 استخرجوا عبارات اليأس والحزن من النص؟

....

ب		ترجموا مايلي إلى اللغة الإنجليزية

B

Translate the following into English.

1 حبيبتي لقد عرفت أن للحب لذة وللحياة معنى وذلك عندما أحببتك

....

2 أحمل في داخلي كل متناقضات العالم من أمل ويأس وفرح وحزن وسعادة وشقاء فأنا سعيد بحبك شقي لبعدك.

....

3 حبيبتي أريد أن أصرخ بأعلى صوت ، أريد أن أكتب بكل أقلام العالم : أحبك

....

ج. أكتب/ي رسالة حب لحبيبك/حبيبتك تحكي فيها عن حبك وشوقك لها وأنت بعيدا/ة عنه/ها

د. أكتب/ي رسالة حب لوالدك أو والدتك تعبّر/ي فيها عن فراقك وشوقك لكم

2.5 Condolence letters

2.5 رسالة تعزية

Key tips for writing letters of condolence

- Date your letter.
- Keep it short and concise.
- Use your religious conviction to help comfort the mourners.
- Express your sympathy and sorrow to the person who has suffered the loss and to his/her family.
- Include short prayers for the deceased

1 ما هي المناسبات التي نكتب فيها رسالة تعزية؟

2 ما هو محتوى رسائل التعزية؟

3 ما الفرق بين رسالة تعزية ورسالة التهنئة؟

Structure of a condolence letter	هيكل رسالة تعزية
Addressee	أخي الفاضل حسن
Greeting	السلام عليكم ورحمة الله و بركاته ، تحيّة طيبة ، وبعد

Content

In this type of letter you express your sorrow and sympathy to a friend or a relative who has suffered a loss.

Arabic condolence letters tend to contain religious phrases. Start your letter with genuine expressions of sorrow and deep sadness. The following expressions are often used in condolence letters:

1 ببالغ الأسى والحزن وبقلوب مؤمنه بقضاء الله وقدره ، تلقيت خبر وفاة فقيدكم ، أشاطركم ألمكم وأحزانكم بهذا المصاب الجلل برحيله وأتقدم إليكم بتعازينا القلبية الحارّة

2 بقلب مفعم بالأسى والحزن تلقيت نبأ وفاة جدكم المكرم

3 بمزيد من الحزن والحسرة ....

4 إنه لمن المؤلم جدّا سماع خبر انتقال والدكم المعظم إلى جوار ربه

Then, assure the recipient that this is part of the human cycle, or if the recipients have strong religious convictions, remind them that this is part of the faith and that the deceased is laid to rest in happiness and peace.

أذكرك أخي .. أنه ما من عبد تصيبه مصيبة فيقول :
"إنا لله وإنا إليه راجعون ، اللهم أجرني في مُصيبتي واخلف لي خيراً منها " إلا آجره الله تعالى في مصيبته وأخلف له خيراً منها"

End your letter with a line or two asking the mourners to be strong and patient.

1 وأتمنى أن يلهمك وأهلك وكافة أفراد أسرتك الكريمة جميل الصبر والسلوان والسكينة وحسن العزاء.

2 أسأل الله أن يلهمكم الصبر ، وإنا لله وإنا إليه راجعون

3 وفي الختام أكرّر تعازينا الحارّة راجين الله عز وجل أن يسكن الفقيد فسيح جنانه

4 وختاما ، نتضرّع إلى الله أن يتغمد الفقيد برحمته

Sign your letter — التوقيع على الرسالة

Sample 1 — نموذج 1

الرياض في 2008/06/15

أخي الفاضل حسن

السلام عليكم ورحمة الله وبركاته

تحية طيبة ، وبعد

ببالغ الأسى والحزن وبقلوب مؤمنه بقضاء الله وقدره ، تلقيت خبر وفاة جدكم ، أشاطركم ألمكم وأحزانكم بهذا المصاب الجلل برحيله، وأتقدم إليكم بتعازينا القلبية الحارّة ، وبمشاعر المواساة والتعاطف الأخوية المخلصة، سائلا الله تعالى أن يتغمد الفقيد العزيز بواسع رحمته ويسكنه فسيح جناته، وينعم عليه بعفوه ورضوانه ."إنا لله وإنا إليه راجعون"
أذكرك أخي .. أنه ما من عبد تصيبه مصيبة فيقول :
" إنا لله وإنا إليه راجعون ، اللهم أجرني في مُصيبتي واخلف لي خيراً منها" إلا آجره الله تعالى في مصيبته وأخلف له خيراً منها.
وأتمنى أن يلهمك وأهلك وكافة أفراد أسرتك الكريمة جميل الصبر والسلوان والسكينة وحسن العزاء.

أخوك
سليم

| ✓ | A | أ | اقرأوا الرسالة أعلاه وأجيبوا على الأسئلة التالية |

Read the above letter and answer the following.

1 متى كتبت الرسالة وأين؟

....

2 ما سبب كتابة الرسالة؟

....

3 بماذا بدأ الكاتب الرسالة؟

....

4 استخرجوا المعاني التي تعبّر عن الحزن والألم في الرسالة؟

....

5 تتضمن الرسالة دعاء للميت ، ما هو هذا الدعاء؟

....

6 بماذا اختتمت الرسالة؟

....

| B | ب | اشرحوا العبارات التالية وترجموها إلى اللغة الإنجليزية |

Explain the following expressions and provide their equivalent in English.

1 أشاطركم ألمكم = ...

2 المساواة والتعاطف = ...

3 فسيح الجنان = ...

4 الصبر والسلوان = ...

5 أتضرع إلى الله أن يغفر لفقيدكم = ...

6 إنا لله وإنا إليه راجعون = ...

| C | ج | علقوا على اللغة المستخدمة في الرسالة |

Comment on the language in the above letter.

....

....

....

....

....

....

Sample 2 | نموذج 2

A	أ اقرأوا الرسالة التالية وترجموها إلى اللغة الإنجليزية
Translate the following letter into English.	

بني ملال 2008/06/06

بسم الله الرحمن الرحيم

أخي الفاضل حميد العروسي

السلام عليكم ورحمة الله وبركاته

لقد آلمنا نبأ وفاة أمكم ، وفجعنا الخبر ، فإنا لله وإنا إليه راجعون.
أخي ، أحسن الله عزاءك وعظم الله أجرك ، إن لله ما أخذ وله ما أعطى وكل شيء عنده بأجل مسمى ، فلتصبر ولتحتسب ، نرجو الله أن يغفر لها ، وأن يرحمها ، وأن يسكنها فسيح جناته وألهمك وإخوتك الصبر والسلوان.

أخوكم المخلص

الملالي ابراهيم

B	ب أكتبوا رسالة تعزية بمناسبة وفاة أحد الأقرباء
Write a letter of condolence to a relative.	

2.6 Letter of apology

2.6 رسالة إعتذار

1 لماذا نكتب رسالة إعتذار؟

2 متى كتبت آخر رسالة إعتذار؟

Why a letter of apology is so important in Arabic

As in any language, writing an apology in Arabic shortly after the offence can rebuild the existing relationships between people. Arab people tend to accept an apology and forgive the offender. This is based on their belief that forgiveness should be granted to people who commit an offence or did wrong.

In your letter of apology try to express sincere regret for what has happened. Make sure that your usage of the Arabic language reflects your genuine apology. Your choice of Arabic vocabulary is vital here. Avoid using generic terms that can be taken as unapologetic.

Show that you are entirely to blame and that you made a mistake which should not have happened.

How to write a letter of apology in Arabic

Do not forget Arabic greetings in the beginning.

تحية طيبة وبعد ، ـ أطيب التحيات وبعد ،ـ تحية طيبة مباركة ، ـ السلام عليكم ورحمة الله

Express your apology at the beginning of the letter:

أكتب إليك والقلم يتفطر خجلا وأسفا بين أناملي ؛ لأخبرك بأني لم أصادف في نتيجة الامتحان النهائي ما كنت أرجوه وأبتغيه

Describe clearly the reasons for your apology (what you did wrong).

فقد خانني الحظ ، ولم أفلح في دراستي ، وعاد زملائي بشهاداتهم مرفوعي الرأس ، وعدت أنا خالي الوفاض . والدي : لقد ترددت كثيرا قبل كتابة هذه السطور إليك والتي تحمل خبرفشلي في امتحانات هذه السنة. إليك بأني لم أوفق هذا العام بنيل الشهادة ، إلا أنني اعتذر لك بأن سبب رسوبي لا يرجع إلى تهاوني وكسلي بل إلى الظروف الصعبة التي مررت بها هذه السنة.

Affirm clearly in your letter that you will not repeat the same action and, if possible, give proof of how you will do this.

أعاهدك والدي بأني سأعمل كل ما في جهدي لأتجنب خيبة الأمل هذه وأن أعمل بكل جد واجتهاد للحصول على نتيجة مسرّة السنة القادمة.

Promise improvement in the future.

وسوف ترى من النتائج في العام المقبل ما يرضيك إن شاء الله تعالى

Ask forgiveness one more time.

وأخيرا أرجو أن تسامحني عن تقصيري ، وإلى لقاء قريب مع الفوز إن شاء الله

Sample 1

نموذج لرسالة إعتذار

الرباط في 2008/07/13

سيدي الوالد الأجل : أطال الله بقاءه

السلام عليكم ورحمة الله ، وبعد

أكتب إليك والقلم يتفطر خجلا بين أناملي ؛ لأخبرك بأني لم أصادف في نتيجة الامتحان النهائي ما كنت أرجوه وأبتغيه . فقد خانني الحظ ، ولم أفلح في دراستي ، وعاد أصحابي بشهاداتهم مرفوعي الرأس ، وعدت أنا خالي الوفاض.

والدي : لقد تردّدت كثيرا قبل كتابة هذه السطور إليك والتي تحمل خبرفشلي في امتحانات هذه السنة. أخبرك بأني لم أوفق هذا العام بنيل الشهادة ، إلا أنني اعتذر لك بأن سبب رسوبي لا يرجع إلى تهاوني وكسلي بل إلى الظروف الصعبة التي مررت بها هذه السنة.

أعاهدك والدي بأني سأعمل كل ما في جهدي لأتجنب خيبة الأمل هذه وأن أعمل بكل جدّ واجتهاد للحصول على نتيجة مسرة السنة القادمة.

وسوف ترى من النتائج في العام المقبل ما يرضيك إن شاء الله تعالى. وأخيرا أرجو أن تسامحني عن تقصيري ، وإلى لقاء قريب مع الفوز إن شاء الله .

ولدك .... /

أ اقرأوا الرسالة أعلاه واستخرجوا عبارات الإعتذار في الرسالة والتي يمكن الإستفادة منها في كتابة رسائل أخرى مشابهة

A *Read the above letter and find the expressions of apology which might be useful for writing such letters.*

....

....

....

....

....

....

....

✓

B	اقرأوا الرسالة أعلاه وأجيبوا عن الأسئلة التالية	ب
	Read the above letter again and answer the following questions.	

1 عن ماذا إعتذر كاتب الرسالة؟

....

2 ماهي الأسباب التي قدّمها كاتب الرسالة لتبرير اعتذاره؟

....

3 ما هوالوعد الذي قدّمه كاتب الرسالة لأبيه؟

....

4 هل يبدو الكاتب متفائلا في تغيير ما وقع؟

....

C	ج- اشرحوا العبارات التالية	ج
	Give synonyms for the following.	

1 خانني الحظ = ...

2 مرفوع الرأس = ...

3 خالية الوفاض = ...

4 خيبة الأمل = ...

5 نتيجة مسرّة = ...

6 تقصير = ...

D	تخيلوا أنكم ارتكبتم خطئا باتهام صديق لكم بفعل شئ لم يقم به. أكتبوا رسالة تعتذرون فيها عن فعلكم الغير الصائب.	د
	Write a letter of apology to a friend of yours, apologising for offending him/her.	

Responding to a letter of apology — الرد على رسالة إعتذار

Acknowledge receipt of the letter and its contents.

ولدي العزيز فقد وصلتني رسالتك الأخيرة والتي تحمل خبر رسوبكم هذه السنة وعدم الحصول على شهادة

Express your feeling towards the contents of the letter.

فأحسست بالألم والحزن وأنا أقرأ خبر فشلكم ، لكن الأعذار التي قدمتها تبدو حقيقية و تخفف من الملامة الموجهة اليك . دعني أواسيك وأشجعك على الصبر والعمل الجاد حتى تفوز السنة القادمة إن شاء الله. فاعلم يابني بأنك ما زلت صغير السن ولك الوقت الكافي لإستدراك ما فاتك.

Provide advice on how to improve the situation.

أرجو أخيرا ألا تفقد ثقتك بنفسك ، واعمل واجتهد ، فمن جدّ وجد ومن زرع حصد.

Sign the letter.

A	أكتبوا رسالة لبعضكم البعض تعتذرون عن خطأ قمتم به	أ

Write a letter of apology to a friend whom you upset.

....

....

....

....

....

....

....

....

....

....

....

2.7 Writing a letter of complaint — 2.7 كتابة رسالة شكوى

1 متى نكتب رسائل شكوى؟

2 هل سبق لك أن كتبت رسالة شكوى؟

3 ما هي التعابير التي تستخدم في كتابة رسائل الشكوى؟

Tips on how to write a letter of complaint

1 Be concise and to the point.

2 Be calm and control your language.

3 Explain clearly the issues you are not happy about and provide documents to substantiate your concerns.

4 Include your own details in the letter.

Sample 1 نموذج 1

القاهرة في 2008/08/07

سعادة مدير البنك المركزي .... المحتــرم

السلام عليكم ورحمة الله وبركاته ، وبعـد :

أكتب لكم لأعبر وببالغ الأسف عن عدم ارتياحي للمعاملة الغير اللائقة من طرف أحد موظفيكم. فبينما كنت بصدد فتح حساب بنكي في فرعكم رفض الموظف المعني بهذه الخدمة مساعدتي وذلك بحجة أنه ليس لي دخل شهري منتظم. لقد حاولت شرح موقفي وابلاغ موظفكم بأني فلاح ومدخولي غير منتظم. رغم أنني أعلم جيدا أن فتح حساب بنكي لا علاقة له بالمدخول الشهري فإن موظفكم بدا واثقا أن ذلك من شروط فتح حساب. فرغم كل محاولتي لإقناعه فلم يبدي أي اهتمام وكأني لست ابن هذا البلد.

سعادة المدير لقد طال الوقت ومللت الذهاب والإياب من أجل خدمة بسيطة أرى أنها من حقوقي الوطنية. لهذا أرجوكم التدخل لحل مشكلتي وأخذ الإجراءات المناسبة في حق موظفكم الغير المتعاون.

مع فائق الإحترام

خالد المرجاوي
التوقيع

✓

A	أ اقرأوا الرسالة أعلاه وأجيبوا عن الأسئلة التالية

Answer the following questions from the above letter.

1 من هو كاتب الرسالة؟

....

2 ما سبب كتابة الرسالة؟

....

3 هل كان كاتب الرسالة مرتاحا لنوع الخدمة المقدمة له؟

....

4 استخرجوا العبارات والكلمات التي تدل على ارتياح أو عدم ارتياح الكاتب للخدمة المقدمة؟

....

Useful expressions for writing letters of complaint عبارات تستخدم في كتابة رسائل الشكاوي

1 أكتب لكم لأعبّر عن عدم ارتياحي للمعاملة الغير اللائقة من طرف أحد موظفيكم

2 ببالغ الأسى أودّ أن أخبركم عن عدم رضانا للخدمة المقدمة من طرف شركتكم

3 نكتب لنخبر سعادتكم بأننا نتعرض يوميا لمعاملة سيئة من نائبكم

4 ..... نشكو من عدم مهنية أحد موظفيكم عندما تركنا ننتظر وهو يتحدث لأغراض شخصية على الهاتف.

5 نودّ أن نخبر سعادتكم عن خيبة ظننا بالخدمة التي تلقيناها أمس في جامعتكم أثناء زيارتنا لصديق هناك.

B ب أكتبوا رسالة شكوى إلى مديربنككم تعبّرون فيها عن عدم رضاكم لجودة الخدمة المقدمة في بنككم المحلي.

Express your discontent with the quality of service in a letter to your bank manager.

C ج أكتبوا رسالة شكوى وقارنوها برسالة شكوى مكتوبة باللغة الإنجليزية. قارنوا اللغة المستخدمة وهيكل الرسالتين.

Write a letter of complaint in Arabic and compare it to one written in English. Discuss the structure and language used in both letters.

....

....

....

....

....

....

....

....

....

....

....

....

....

2.8 Application letter

2.8 طلب وظيفة

1 ما هي التحايا التي نستعملها عند كتابة طلب وظيفة؟
2 ما هي أهم النقاط التي تتضمنها رسالة طلب وظيفة؟
3 ما الفرق بين رسالة طلب وظيفة والرسالة الشخصية؟

Sample 1

نموذج1 لرسالة طلب وظيفة:

التاريخ : 10. 10. 2008

سعادة مدير التعليم بالمنطقة الداخلية
وزارة التربية والتعليم
بني ملال - المغرب

السلام عليكم ورحمة الله وبركاته ،

أما بعد :

لقد قرأت في الصحف المنشورة بأنكم في حاجة إلى أساتذة متخصّصين في اللغة الفرنسية. أفيد سعادتكم أنني أحد أبناء هذا البلد ، وحاصل على شهادة الماجستير في اللغة الفرنسية وآدابها من جامعة محمد الخامس بالرباط وهي نفس الجامعة التي حصلت منها على شهادة البكالوريوس في نفس التخصص.
فبعد تخرجي اشتغلت أستاذا مساعدا بأحد الثانويات الخاصة بمدينة الدار البيضاء. وهذا أتاح لي الفرصة لحضور دورات تدريبية مكثفة في طرق التدريس.
وأرغب أن أكون عضوا في هيئة التدريس بمنطقتكم . وستجدون برفقة هذا الطلب صوراً من مؤهلاتي الدراسية وسيرة ذاتية.
داعياً الله أن يوفقني وإياكم ، والله يحفظكم ويرعاكم .

العنوان
ص. ب مقدم الطلب

✓ **A** — أ. اقرأوا الرسالة أعلاه وأجيبوا بصحيح أو خطأ — **أ**

Are the following statements true (T) or false (F)?

1 ☐ تمّ الإعلان عن الوظيفة في شبكة المعلومات العالمية
2 ☐ سبق لصاحب الطلب أن عمل في وظيفة مناسبة
3 ☐ حصل طالب الوظيفة على شهادة الدكتوراه من جامعة محمد الخامس

4 ☐ حضر صاحب الطلب دورات تدريبية

5 ☐ لم ترفق أي وثائق مع الطلب

The structure of an application letter هيكل رسالة طلب وظيفة:

Tips for writing a letter seeking employment

1 Address the employer in a courteous manner.

2 Note that the title is often preceded by حضرة - معالي and is followed by المحترم - المكرم

3 Clearly specify your qualifications.

4 Pitch yourself as an employee with a wealth of experience and the specific skills needed for the job.

5 Be specific and show professionalism through the selection of your words.

6 Enclose your qualifications and documents, including your CV.

7 Provide your full contact details.

طلب الوظيفة should contain the following elements.

البداية – التاريخ – إسم وعنوان المرسل إليه – تحية الإفتتاح – موضوع الرسالة – تحية الخاتمة – التوقيع – المرفقات.

الرباط في 2008/08/21	التاريخ:
معالي وزير الشغل المحترم	المرسل إليه:
السلام عليكم ورحمة الله وبركاته	تحية الإفتتاح:
	الموضوع:
وتفضلوا بقبول فائق الإحترام	تحية النهاية:
فريد بهلاوي	التوقيع:
د. فريد بهلاوي	اللقب والمكانة المشغولة
مدير شركة الفوسفاط	

Sample 2 نموذج 2

التاريخ:

الأفاضل/ (المكان الموجه له)/ مكتب التوظيف. المحترمين..............

السلام عليكم ورحمة الله و بركاته،

الموضوع: **طلب وظيفة**

يسرّني أن أتقدم بطلبي هذا لوظيفة .... أو أي من الوظائف التي ترونها مناسبة لتخصصي في الأدب الانجليزي الحاصلة عليه من كلية .... ، بالاضافة الى مؤهلاتي الأخرى وهي:

1 دورة في اللغة الفرنسية
2 دورة في برامج الكمبيوتر الشامل
3 فترة تدريبية بشركة ....تضمنت

* أعمال الطباعة باللغتين العربية و الانجليزية.
* أعمال الترجمة للرسائل الواردة للشركة و الصادرة منها.
* الأعمال المكتبية الأخرى.

مع العلم بأنني أرفق مع طلبي هذا نسخ عن جميع أوراقي الدراسية و الثبوتية المتضمنة على ما يلي:

1 السيرة الذاتية.
2 شهادة دبلوم ....
3 كشف درجات المواد من الكلية.
4 شهادة الثانوية العامة ، وشهادة حسن وسير السلوك.
5 شهادة دورة اللغة الإنجليزية.
6 تقرير دورة الكمبيوتر الشامل.
7 إفادة من .... إذا سبق وأن تدربت عند أي جهة خاصة أو حكومية.
8 نسخة من جواز السفر
9 نسخة من البطاقة الشخصية.

راجية من الله التوفيق وأن أحظى بموافقتكم على طلبي هذا، وأعدكم ببذل كل ما أملك من جهد و طاقة لأكون عند حسن الظن بي، و فقنا الله و إياكم لخدمة وطننا الغالي.

وتفضلوا بقبول وافر الاحترام و التقدير،

A	أ أتمموا الرسالة التالية بالمرادفات المناسبة
Complete the following letter with the appropriate words and expressions.	

سعادة مدير شركة الفسفاط السلام عليكم و ....

يسرّني أن .... بطلبي هذا لشغل وظيفة .... في أحد فروع .... المحترمة. حصلت

على .... بكالوريوس في .... الانجليزي من كلية .... ، بالاضافة الى ....

الأخرى وهي:

* دورة في اللغة الفرنسية
* فترة .... بشركة .... تضمنت
* أعمال الطباعة باللغتين العربية و الانجليزية.
* أعمال الترجمة للرسائل الواردة للشركة و الصادرة منها.
* الأعمال المكتبية الأخرى.

مع العلم بأنني .... مع طلبي هذا .... عن جميع أوراقي الدراسية و الثبوتية المتضمنة على ما

يلي:

1 .... الذاتية.
2 شهادة دبلوم ....
3 كشف درجات للمواد التخصصية من الكلية.
4 شهادة الثانوية ....، وشهادة حسن و.................. السلوك.
5 نسخة من جواز................
6 نسخة من .... الشخصية.

راجية من .... أن .... بموافقتكم على طلبي هذا، وأعدكم ببذل كل ما أملك من جهد و طاقة

لأكون عند حسن الظن بي، و فقنا الله و إياكم لخدمة وطننا الغالي.

وتفضلوا بقبول ....

2.9 Writing a curriculum vitae — 2.9 كتابة السيرة الذاتية

Your CV should be attached to your letter seeking employment. Below is some information on what to include in your CV.

1 متى تحتاج لكتابة سيرة ذاتية؟
2 علام تحتوي السيرة الذاتية؟

تقدم السيرة الذاتية غالبا في حالة طلب وظيفة أو الترقي من منصب لآخر

تتضمن السيرة الذاتية المعلومات التالية:

1 معلومات عن الشخص

- الإسم الكامل
- اللقب
- تاريخ الميلاد
- مكان الميلاد
- الجنسية
- رقم جواز السفر
- مكان صدور الجواز
- الحالة الإجتماعية
- السن
- الحالة الصحية

2 الإنجازات العلمية (الشهادات)

- سرد أهم الشهادات التي حصل عليها المرشح وتبدأ من أعلى شهادة دراسية

3 الخبرة العلمية: الأعمال والوظائف التي تمّ القيام بها

4 اللغات: الإدلاء باللغات التي يتقنها المرشح

5 الإنتاج العلمي (المؤلفات) الكتب – البحوث والمقالات التي نشرت وفي طريق النشر

6 تسمية أشخاص للرجوع إليهم كمراجع. يجب اعطاء المعلومات التالية عن هؤلاء

الأشخاص:

الإسم	الوظيفة
العنوان	رقم التلفون

7 عنوان صاحب السيرة

- عنوان الإقامة الدائم: العنوان البريدي
- عنوان العمل: العنوان البريدي
- رقم التلفون
- البريد الإلكتروني إذا وجد

إعلان عن وظيفة ترجمة

تعلن وزارة الخارجية عن فتح باب الترشيح لوظيفة في الترجمة من اللغة العربية إلى الإنجليزية:

للمزيد من المعلومات حول شروط و كيفية الترشيح ، الرجاء الاتصال بوزارة الخارجية البريطانية بلندن.

A	أكتبوا رسالة طلب وظيفة مرفقة بسيرة ذاتيّة للترشح للوظيفة أعلاه أ
Apply for the above post and include an application letter and CV.	

2.10 Resignation letter

2.10 رسالة استقالة

1 متى يتمّ كتابة رسائل إستقالة؟

2 ما هي التعابير التي تتضمنها رسائل الإستقالة؟

What your resignation letter should include

Express your thanks to your employer for the opportunities you have been given during your employment.

بادئ ذي بدء أودّ أن أتقدم لسيادتكم بالشكر الجزيل والتقدير على مساعدتكم ودعمكم لي طوال وقت عملي في شركتكم المحترمة

اسمحوا لي أن أقدم خالص شكري وامتناني على مساعدتكم ودعمكم المتواصل لي خلال فترة عملي في هذه الشركة المحترمة

أولا أودّ أن أغتنم الفرصة للتعبير عن شكري وتقديري على مساعدتكم المستمرة لي خلال مدة عملي ....

Include the reason for your resignation. Make sure that you do not mention anything negative about the company and your employer. Arab people are sensitive and any negative criticism may affect your future career, as the letter of resignation will be kept in your employment file.

- أحيطكم علما أنه ونظرا لأسباب عائلية وأخرى شخصية فقد قررت الإستقالة من منصبي
- أفيدكم بأنه نظرا لأسباب خاصة لايمكن الإباحة بها أني أتقدم لسيادتكم باستقالتي من عملي في الشركة
- لدوافع شخصية وعائلية ملحة فإني أتقدم بطلب إستقالتي من عملي في جامعتكم

Say when you are leaving

أرجوا أن تتقبلوا استقالتي اعتبارا من اليوم/الشهر/السنة

Sample 1

نموذج لرسالة إستقالة:

التاريخ : 2007/11/25 م

السـادة / شـركة المحتـرمين

الأسـتاذ / المحتـرم

السـلام عليكـم ورحمـة اللـه وبركاتـه......

أولا أتقدم لسيادتكم بجزيل الشكر والتقدير على مالقيته من دعم متواصل وحسن معاملة منكم شخصيا ، ومن زملائي الأفاضل خلال فترة عملي في هذه الشركة مما كان له الأثر الطيب في نفسي .

وأفيدكم بأنه نظرا لظروف شخصية فانني وبكل مافي النفس من مشاعر أخوة ومحبة أتقدم لسيادتكم باستقالتي عن العمل من شـركة ...... , وأرجو منكم التكرم بقبول إستقالتي هذه وذلك إعتبارا من 2007/11/30 وحتى 2007/12/30

وإذ أنني أنتهز هذه الفرصة لأعبّر لكم عن شكري وامتناني لتعاونكم معي لإنجاح الأعمال الموكلة لي طوال فترة تواجدي داخل الشركة داعيا المولى عزّ وجل أن أكون قد وفقت في عملي منذ إلتحاقي بالعمل معكم ، كما أسأله جلت قدرته بأن يكتب لنا ولكم التوفيق والنجاح و أن يوفقكم إلى الخير والتقدم والرقي للشركة ، شاكرا لكم تعاونكم الدائم ورحابة صدركم .

وتفضلوا بقبول فائق الإحترام والتقدير
مع متمنياتي لكم بمزيد من التقدم والإزدهار.

مقدم الطلب

....

التوقيـع :

A — أ أجيبوا عن الأسئلة التالية

Answer the following questions.

1 بماذا ابتدأ الكاتب رسالته؟

....

2 ماهي دوافع استقالة كاتب الرسالة؟

....

3 ماهو آخر يوم عمل لكاتب الرسالة؟

....

4 بماذا اختتم كاتب الرسالة رسالته؟

....

B	ب ترجموا مايلي إلى اللغة الإنجليزية
Translate the following into English.	

1 الشكر والتقدير = ...

2 دعم متواصل = ...

3 مشاعر الأخوة = ...

4 حسن المعاملة = ...

5 التقدم والرق = ...

6 انتهز الفرصة = ...

C	ج أكتبوا رسالة إستقالة من لجنة التمثيل الطلابي بجامعتكم إلى رئيس القسم.
Write a letter to the head of your school, resigning from your role as a student representative.	

2.11 Writing e-mails — 2.11 كتابة الرسائل الإلكترونية

Writing e-mails in any language or culture follows almost the same guidelines.

Subjects — عنوان الرسالة

Give the message a subject/title. The subject is the starting point or main topic that gives the recipient an idea about the content of the e-mail. The subject should reflect the substance of the e-mail, and where possible be very specific.

Greetings التحية

Greetings are crucial in Arabic culture and it is considered rude to start an e-mail with the name of the recipient. In formal correspondence, make sure you address the recipient with his/her title. It can be regarded as impolite or offensive if titles are dropped or if senior or older people are addressed by their first name.

Purpose الهدف

Make sure the recipient knows the purpose of your e-mail.

Action

As mentioned above, make sure you use phrases and sentences that are deemed polite. Thank the recipient for taking the time to read your message.

Attachments الملفات المرفقة

Make sure the recipient is aware of any attachment. It is highly recommended that you refer to the attachment in the body of your e-mail. Provide information if needed about the attachment. It is recommended that you attach the attachment as soon as you write about it in the body of your e-mail. Too frequently e-mails are sent without their promised attachments.

Endings النهاية

End your message with a polite note. There are many greetings in Arabic which serve this purpose (see section 2.1 for more greetings).

Names الإسم

Make sure you sign your e-mail using your name and, where possible and if appropriate, your role.

A	أرسلوا رسالة إلكترونية إلى أستاذكم تطلبون مساعدته لكم في استيعاب أحد الدروس	أ
Write an e-mail to your teacher asking for academic help.		

2.12 Writing a memorandum 2.12 كتابة مذكرة

What is a memo مذكرة?

It is a message written on a hard-copy document. It is used as a means of communication within companies and organisations. The memo should be dated and both the sender and recipient should be clearly marked. It also contains a subject heading and a message space.

Memos consist of the following sections:

'To' إلى section includes the name of the receiver. Most of the memos in Arabic are formal; therefore, it is crucial to pay attention to the titles and names of receivers. Make sure you address the receiver by his/her full name and title:

اللأستاذ جواد الكرماوي

'From' من section contains the name of the sender. Make sure the full name and title of the sender are included. Avoid using first names only. It is considered a matter of respect to include the sender's title and full name. السيدة لطيفة العبراوي

'Date' section التاريخ . Use the Arabic date system, write the month in Arabic.

Subject heading الموضوع. Make sure you provide a title for your memo.

Signature التوقيع. This is not compulsory.

من	د. الخالدي نجيب ـ عميد كلية الأداب
إلى	كل أساتذة الكلية المحترمين
التاريخ	10 يناير 2009
الموضوع	تسجيل الطلاب الجدد

أود أن أخبركم أن عددا كبيرا من الطلاب سيلتحقون بالكلية هذه السنة. أرجو من كل الزملاء تقديم المساعدة والخدمة الأكاديمية لهؤلاء الطلاب حتى يستقروا في أقسامهم.

أشكركم مقدما على تعاونكم وجهدكم في هذا الشأن.

د. الخالدي

أ	أ. أكتبوا مدكرة لأحد أساتذتكم تخبرونهم فيها بطلب اجتماع عاجل
A	

Write a memo to your teacher requesting an urgent meeting.

2.13 Examples of advertisements   2.13 نماذج لإعلانات

نماذج إعلانات وفاة على الجرائد   **Obituaries**

نقابة المحامين المغربية
تنعي بمزيد من الحزن والأسى
المرحوم المحامي
سعد فرحات
تغمده الله واسع رحمته وألهم أهله الصبر

==

رؤساء الجامعات
رؤساء ونواب الجامعات
ينعون بخالص الحزن والأسى الزميل
المرحوم
حسن العرباوي
ويسألون المولى عز وجل أن يتغمده فسيح جنانه

===

انتقل الى رحمة الله تعالى
المرحوم
نجيب الحداوي
عن عمر يناهز "65" عاما ، وقد شيّع جثمانه أمس من مسجد الأمناء
تغمد الله الفقيد بواسع رحمته

===

إعلانات مناسبات التهنئة   Good wishes

ينتهز اتحاد نقابة الصحفيين فرصة حلول رمضان الكريم
للتعبير عن خالص التهنئة لكل الصحفيين
راجيا من الله عز جلاله أن يعيد هذه المناسبة على الجميع بالخير والسرور والبركات

أ. أكتبوا إعلان تهنئة بمناسبة حلول عيد رأس السنة

UNIT 3: STYLISTIC EXPRESSIONS AND VOCABULARY
الوحدة الثالثة : عبارات أسلوبية

3.1 Care and attention to detail
3.1 عبارات التفصيل والدقة

Here are some expressions used to express detail.

على وجه التفصيل in detail, at great length

أعطى الزائر محاضرة رائعة ووقف **على وجه التفصيل** على إيجابيات وسلبيات العولمة

على وجه الدّقة in great detail

لو فهمنا على **وجه الدقة** الأسباب والدوافع التي أدت إلى هجرتهم خارج البلد لوضعنا حدّا لهذه الظاهرة.

قدر كبير من great deal of

هذا الأستاذ على **قدر كبير من** العلم والتعلم

على الوجه الأكمل to the best of the ability

قام أستاذنا بعمله **على الوجه الأكمل**

على جانب كبير من a great deal of

كان **على جانب كبير من** الأهمية

على مايرام as well as one could possibly wish; in excellent order

الطالب المجتهد دائما يقوم بعمله على أحسن **مايرام**

بحث المسألة طردا وعكسا to study a problem from all sides; in all its aspects

بحثت الشرطة شكواه طردا وعكسا

أ	ضعوا مايلي في جمل مفيدة
A	
Use the following in a sentence.	

1 قدر كبير من الأهمية

....

2 على أحسن ما يرام

....

3 بحث المسألة طردا وعكسا

....

4 على وجه الدّقة

....

5 على جانب كبير من

....

6 على الوجه الأكمل

....

3.2 Expressing hard work and efforts ‏3.2 عبارات للتعبير عن الجهد

These expressions are often used to express hard work and effort.

بذل قصارى جهده exert every conceivable effort
بذل الطالب قصارى جهذه للحصول على المرتبة الأولى في جامعته.

شمّر عن ساعد الجد to buckle down to a job
شمّر الطالب **عن ساعد الجد** والإجتهاد في محاولة لتحقيق نتائج دراسية مقبولة

إخلاص وتفان devotion and dedication
يقوم الفلاح بعمله بكل **إخلاص وتفان** في العمل

أطفأ جذوة يومه وأحرق فحمة ليله العمل to work day and night
هذا العامل يعمل كثيرا فهو **يطفئ جذوة يومه ويحرق فحمة ليله** في العمل

منكب على embarked upon
إنكب الطالب **على** عمله قبل الإمتحان

روح المسؤولية والإنضباط essence of responsibility and discipline
رسّخ الأب في أولاده **روح المسؤولية والإنضباط** منذ سنّ الصغر

الكدّ والجدّ hard work
الكد والجد أصل نجاح كل مثابر

عن ظهر قلب by heart
يحفظ بعض المسلمين القرآن الكريم **عن ظهر قلب**

جنى ثمار أتعابه to reap the fruits of one's efforts
جنى الفلاح **ثمار أتعابه** خلال فصل الشتاء الممطر

بكامل طاقته all his efforts
يعمل الطالب جادّا **بكامل طاقته** للحصول على معدّل جيّد في إمتحانه السنوي الأخير

✓

أ	أتمموا الجمل التالية بالمفردات والتعابير المناسبة	A
	Complete the following sentences with the appropriate words and phrases.	

1 ينجز هذا الطالب عمله ....

2 طلب الأستاذ منا حفظ المفردات ....

3 بذل الرئيس قصارى .... لمساعدة الأسر الفقيرة

4 يتميز الجندي بـروح .... و ....

5 جنى الطالب .... أتعابه عندما حصل على المرتبة الأولى

6 بذل كامل .... لإقناع الطرفين للرجوع إلى طاولة المفاوضات

3.3 Expressing emotion

3.3 عبارات للتعبير عن الإحساس

شاطره المسرة to share someone's joy
شاطر الزوج زوجته **مسرة** زواج أخيها

السّرّاء والضّراء in good and bad times
هذا الرجل يحمد الله في **السّرّاء والضّراء**

متقلب الأطوار wavering/vacillating
الطقس في بريطانيا **متقلب الأطوار**

ضلوعي لا تنحني على ضغن I harbour no grudge/I feel no resentment
رغم ماقمت به ضدّي من تشويه **فضلوعي لاتنحني على ضغن**

بمزيد من الأسف with the greatest regret
أعرب الرئيس **بمزيد من الأسف** عن مرض وزيره

بمزيد من الإرتياح with extreme satisfaction
عبّر الأمين العام للأمم المتحدة **بمزيد من الإرتياح** عن التقدم المحرز في حل المشكل الإيراني النووي

على أحرّ من الجمر on pins and needles, on tenterhooks; in greatest suspense
ينتظر الطلاب **على أحرّ من الجمر** نتائجهم السنوية

أغرى العداوة بين to cause/incite enmity
نظرا لكرهه لها فقط **أغرى العداوة بينه** وبينها

حلب الدهر أشطره experienced good and bad days
يناهز عمر جدّي التّسعين من العمر فقد **حلب الدهر أشطره**

to break into tears **انفطر بالبكاء**
انفطر حبيبها **بالبكاء** عندما تذكر الأيام التي قضاها معها وهي على قيد الحياة

to touch on a sensitive topic **ضرب على الوتر الحسّاس**
يبدو أن الأستاذ **ضرب على الوتر الحسّاس** عندما أشار إلى الأخطاء الفادحة التي ارتكبها الطلاب

most willingly, with pleasure **عن طيبة خاطر**
تبرّع عن **طيبة خاطره** بمبلغ مالي لمساعدة المحتاجين في هذه المدينة الصغيرة

be emotionless **تغلق قلبك**
شارك الناس مشاعر أحزانهم ولا **تغلق قلبك**

feeling of unease مشاعر السّخط
عبّر الرأي العام العربي عن **مشاعر سخطه** لتفاقم البطالة في أغلب البلدان العربية

the sad thing is **ممّا يحزّ في النفس أنّ**
و**مما يحزّ في النفس** أنهم ذهبوا وتركوه لوحده

cried with agony **بكى بحرقة**
بكى الطفل الصغير **بحرقة** من شدة الألم الذي أصابه في بطنه

eyes were bathed with tears **اغرورقت العيون بالدموع**
اغرورقت عيناها بالدموع عندما سمعت خبر فراق حبيبها لها

أ ضعوا مايلي في جمل مفيدة	A
Use the following in complete sentences.	

1 حلب الدهر أشطره ....
2 انفطر بالبكاء ....
3 ضرب على الوتر الحساس ....
4 مشاعر السخط ....
5 على أحرّ من الجمر ....
6 بكى بحرقة ....
7 اغرورقت العيون بالدموع ....

3.4 Expressing progress

3.4 عبارات للتعبير عن تحسن ملموس

تقدم خطوة فخطوة progress or advance step by step

تقدم الطالب خطوة فخطوة في دراسته

وقف على ساق الجد لـ take pains in; make every effort to

وقف كل الأطراف على ساق الجد لنجاح هذه التظاهرة الثقافية العالمية

أعطى نتائج مثمرة pay off

أعطى المؤتمر نتائج مثمرة فيما يتعلق بالتبادل التجاري بين البلدين

نمو صاروخي phenomenal growth

عرف الإقتصاد البريطانيّ في عهد حزب العمال نموّا صاروخيّا

أ	استخرجوا من الفقرة التالية عبارات الإحساس
A	

Find expressions of emotion in the following paragraph.

رغم كل مجهوداته لتحقيق نتائج جيدة ورغم تقدمه خطوات إلى الأمام فإنه لم يستطع تحقيق كل ما يصبو إليه. حبّه واخلاصه للعمل جعله يظل واقفا على ساق الجد والإجتهاد.

3.5 Failure and disappointment

3.5 عبارات وأفعال للتعبير عن الخيبة والفشل

رجع بخفي حنين to return with empty hands

رجع الفريق بخفي حنين بعد هزيمته في الألعاب العالمية لكرة القدم

طريق مسدود deadlock

وصلت المفاوضات حول البرنامج النووي الإيراني إلى طريق مسدود أمس.

لم يفلح failed in

لم يفلح الطرفان في إقناع إيران لتّخلي عن برنامجها النّووي

فشل في failed in

فشل الطالب في إمتحانه الأخير

خاب في failed in

خاب في محاولته الأخيرة لتحطيم الرقم العالمي في القفز على الحواجز

عجز عن failed in

عجز الأب عن إقناع إبنه في التخلي عن عدم الزواج بها

رسب في failed in

رسب الطالب في إمتحان البكالوريا مرتين

✓

A	استخدموا العبارات التالية في جمل من عندكم	أ

Use the following expressions in meaningful sentences.

1 رسب في ....

2 فشل في ....

3 أصابه الفشل ....

4 وصل إلى الطريق المسدود ....

5 لم يفلح في ....

6 خاب في ....

Consolidation exercises

✓

A	أتمموا الجمل التالية بأحد العبارات المناسبة	أ

Complete the following sentences with the appropriate expression.

1 يقوم الأستاذ بعمله ....

2 بحث مجلس الأمن القضية ....

3 بذلت كل .... للحصول على الدكتوراه

4 هذا الجندي يتمتع بروح ....

5 أمرنا الأستاذ بحفظ الأبيات الشعرية ....

6 وأخيرا استطاع أن يجني .... بعد حصوله على وظيفة جيدة

B	أكتبوا فقرة صغيرة تتضمن عبارات الجهد والإجتهاد وعبارات الدقة والتفصيل	ب

Write a paragraph using expressions of effort and detail.

....

....

....

....

....

....

....

....

....

3.6 Time and age **3.6 عبارات للتعبير عن الوقت والدهر**

منذ نعومة أظافره since his childhood
لم يحب السفر خارج مدينته وكان هذا طبعه **منذ نعومة أظافره**

بين حين وحين/من حين إلى حين/من حين لآخر from time to time
تقوم بزيارة أمها **من حين لآخر**

طوى صفحة الماضي to break with the past
بدأ البلدان علاقات دبلوماسية جديدة وقرّرا **طيّ صفحة الماضي**

آل المطاف به إلى to end with; arrive eventually at
لم أراها منذ زمن طويل لكني سمعت أن **المطاف آل بها** إلى العمل في شركة أجنبية في لندن

في ريق الشباب in the full bloom of youth
تزوجها وهو في **ريق شبابه**

عنفوان الشباب in the prime of youth
إلتحق بالجيش وهو في **عنفوان شبابه**

في الوقت الذي at a time when
في الوقت الذي كنت فيه مشغولا بدراستي كان أخي يلعب مع أصدقائه

بين يوم وليلة over a night
لم يحدث كل هذا **بين يوم وليلة** بل هو تراكم لأحداث كثيرة

منذ أمد بعيد for a long time
لم أراه **منذ أمد بعيد**

خطه الشيب his hair turned grey
لم أراه منذ زمن طويل لقد **خطّ الشيب** رأسه

دخل في خبر كان/كان في خبر كان to belong to the past
تبقى منجزاته من **خبر كان**

في القريب العاجل in the immediate future
أتمنى لك الشفاء في **القريب العاجل**

عاجلا أو آجلا sooner or later
ستتم محاكمته **عاجلا أو آجلا**

forever **أبد الدّهر**
واعد بدفاعه عن الحريات العامة **أبد الدّهر**

deep-rooted **عريق في القدم**
الأهرامات المصرية معالم تاريخية **عريقة في القدم**

with the passing of time **مرور الوقت**
لا تحزن ستتأقلم مع هذا الجو مع **مرور الوقت**

✓

A	أتمموا الجمل التالية	أ
Complete the following sentences.		

1 واعدنا أن يزورنا ....
2 مع .... سينسى ما قام به صديقه من عمل عدائي تجاهه.
3 لم أراه منذ .... بعيد
4 عاد إلى بلده وقد .... رأسه
5 واعدهم بتحسين مستوى المعيشة بين ....
6 بعد تقلده مناصب راقية .... إلى العمل في شركة صغيرة وبراتب أقل مما كان يتقاضى وذلك بسبب تورطه في قضية المحسوبية
7 تحقيق النجاح الباهر لا يتم .... بل بالعمل الجاد الدائم والغير المنقطع

3.7 Economy and trade — 3.7 أفعال وعبارات اقتصادية وتجارية

to sign **وقّع على**
وقّع الرئيسان **على** اتفاقية التجارة الحرة بين البلدين

to focus on **ركّز على**
ركز الرئيس **على** ضرورة محاربة المخدرات في البلد

decreased **انخفض**
انخفض معدل الطلب على المياه في الإمارات بنحو 10% العام الماضي

held agreement **أبرم عقدا**
أبرمت الخطوط الجوية المغربية **عقدا** مع شركة بريطانية لشراء طائرات

surge of prices **ارتفاع الأسعار**
ارتفعت أسعار البترول بسبب عدم إيجاد طاقات بديلة

combating illegal immigration **مكافحة الهجرة السرية**
خصصت الحكومة البريطانية حوالي مليوني جنيه **لمكافحة الهجرة السّرية** للبلد

هبط سعر الدولار the value of the dollar went down

هبط سعر الدولار الأمريكي بعد أحداث الحادي عشر من سبتمبر

خفض الضرائب reduce taxation

واعد حزب المحافظين البريطاني **بخفض الضرائب** في حال فوزه بالإنتخابات العامة

سدد الديون pay off debts

سدّدت الدول الإفريقية أغلب **ديونها**

استثمر to invest

استثمر الأغنياء أموالهم في القطاع الخاص

انتعش الإقتصاد boost of economy

انتعش الإقتصاد بسبب انفتاح البلد على العالم الخارجي

انخفضت العملة

انخفضت العملة نتيجة الركود الإقتصادي

تخصيص أموال allocation of money

قامت الحكومة **بتخصيص أموال** طائلة لأمن البلاد

أ	ضعوا مايلي في جمل مفيدة
A	

Use the following in correct sentences.

1 أبرم عقدا

....

2 خصّص

....

3 مكافحة العنف

....

4 انخفاض العملة

....

5 انتعاش الإقتصاد

....

6 ركود إقتصادي

....

7 تسديد الديون

....

ب استخرجوا عبارات الإقتصاد من النص التالي	B
Find expressions relating to the economy in the following text.	

http://news.bbc.co.uk/hi/arabic/business/newsid_7774000/7774622.stm

البنك الدولي يتوقع "ركودا" عالميا

يتوقع البنك الدولي تراجعا ملحوظا في النمو الاقتصادي عبر بلدان العالم النامية منها والسائرة في طريق النمو خلال سنة
2009

وجاء في تقرير بتوقعات البنك للسنة المقبلة أن النمو الاقتصادي السنوي العالمي سينزل إلى نسبة 0,9 في المائة، علما بأن معدل النمو العالمي لهذه السنة ناهز 2,5 في المائة.

ويتوقع البنك العالمي أن تناهز نسبة النمو الاقتصادي للبلدان الصاعدة حوالي 4,5 في المائة، وناهزت هذه النسبة 8 في المائة عام 2007.

ولم تستبعد المؤسسة المالية الدولية ركودا اقتصاديا عالميا، متوقعة أن يكون النمو الاقتصادي سالبا في العام المقبل إذا ما قيس بالنمو الفردي.

وذكر التقرير أن: "مصادر تمويل الأسواق، والسيولة الضرورية للدول النامية قد جفت بعد أفلاس عدد من المؤسسات المالية والمصرفية."

وقال جستين لين كبير المحللين الاقتصاديين في البنك العالمي إن الأزمة المالية " ما تزال تهديدا للنظام المصرفي في العالم، ولقطاع الشغل."

وفي محاولة للتصدي لآثار الأزمة المالية على الاقتصاد العالمي ينصح البنك الدولي المصارف المحلية بالاستثمار في مشاريع البنية التحتية.

انحسار متفاقم

وفي بريطانيا قدر المعهد القومي للبحوث الاقتصادية والاجتماعية نسبة الانكماش الاقتصادي في بريطانيا ما بين شهري سبتمبر/ أيلول و نوفمبر/ تشرين الثاني بـ1 في المائة.

ويتوقع المعهد أن تكون نسبة الانكماش الاقتصادي في بريطانيا خلال الأشهر الثلاثة الأخيرة من هذه السنة أكبر من 1 في المائة.

وتعد تقديرات المعهد آخر التوقعات تاريخا في بريطانيا و التي ترى أن الاقتصاد البريطاني يتجه نحو الركود.

Consolidation exercise

A	أتمموا الجمل التالية بالعبارات المناسبة	أ

Complete the following sentences with the appropriate expressions.

1 عاودت الولايات المتحدة الأمريكية وليبيا العلاقات الدبلوماسية وقامت بطي ....

2 لقد تربيت على احترام الآخر منذ ....

3 لايمكن حل المشاكل العالقة بين البلدين ....

4 دعا البنك الدولي جميع البلدان إلى تسديد ....

5 ساهم المهاجرون في .... اقتصاد البلد

6 قامت الحكومة .... أموال لمكافحة تهريب المخدرات

7 ساهمت الحكومة في مساعدة الطبقة العاملة .... الضرائب

3.8 Elections — 3.8 عبارات انتخابية

أجرت استفتاء hold a referendum

أجرت الحكومة البريطانية **استفتاء** حول انضمامها للإتحاد الأوروبي.

أجل الانتخابات delay/postpone elections

أجلت الإنتخابات إلى إشعار لاحق بسبب ظاهرة الفوضى والعنف التي عمّت أغلب المدن الباكستانيّة.

أحجم عن التصويت abstain from voting

أحجمت الولايات المتحدة **عن التصويت** اليوم في قرار يدين المستوطنات الإسرائلية الجديدة في القدس الشرقية.

الأحزاب المتنافسة contending parties

شاركت في الإنتخابات كل **الأحزاب المتنافسة**

الإدارة الحالية current government

إعتبرت **الإدارة** الأمريكية **الحالية** الحالة العراقية خطوة نحو ترسيخ الديمقراطية في هذا البلد.

أدلى بتصريحات announce – give statements

أدلى الوزير **بتصريحات** مفادها أن القوات البريطانية ستنسحب من العراق خلال الأشهر القليلة القادمة.

استبعاد ruling out

استبعد وزير الخارجية الفرنسي احتمال شنّ حرب على إيران

استطلاع الرأي opinion polls /surveys
أشار **استطلاع للرأي** في بريطانيا إلى تقدم حزب المحافظين على حزب العمال.

إقبال كبير/كثيف heavy turnout
عرفت صناديق الإقتراع **إقبالا كثيفا** اليوم من طرف الناخبين الأوكرانيين

اقتراع سري secret ballot
عقد مجلس الأمن جلسة مغلقة للإدلاء بالأصوات في **اقتراع سرّي** يخص كوريا الشمالية

انتخابات حرة ونزيهة free and fair elections
أعلن مراقبوا الإنتخابات الفلسطينية أن **الإنتخابات** كانت **حرة ونزيهة**

انتخابات فرعية by-elections
أدت استقالة عضو في البرلمان البريطاني إلى **إجراء** إنتخابات **فرعية**

مراقبين دوليين international monitors
أعلن **المراقبون الدوليّون** أن الإنتخابات الفلسطينية كانت حرّة ونزيهة

انحياز مطلق complete bias
تعتبر بعض الأوساط العربية أن السياسة الخارجية الأمريكية تعرف **انحيازا مطلقا** تجاه إسرائيل

أحرز تقدما make progress
أحرز البلدان **تقدما** في المحادثات المتعلقة بالأسرى

أ	استخرجوا من النص التالي العبارات التي تدل على الإنتخابات	A
	Find election expressions in the following text.	

(.....) يُظهر استطلاع للرأي تراجع حزب العمال في بعض المناطق، وهو ما سيركّز عليه الحزب في حملته مشيرا إلى أن التصويت لصالح حزب الأحرار الديموقراطيّين سيوصل المحافظين إلى الحكم من "الباب الخلفي". وفي الوقت الذي تدور فيه مواجهات بين المرشحين في برامجهم وأولوياتهم الداخلية، لا تزال الحرب في العراق الموضوع الأكثر سخونة في الانتخابات. وكانت زوجة الجندي البريطاني الذي قتل في العراق قد أنحت باللائمة على رئيس الوزراء البريطاني توني بلير في وفاة زوجها. وفي غضون ذلك، يعتزم أقارب جنود آخرين قتلوا في العراق توجيه رسالة إلى رئاسة الحكومة، في محاولة منهم لملاحقة الحكومة قضائياً.

3.9 Expressions of force and violence

3.9 عبارات استخدام العنف والقوة

أ	استخرجوا العبارات التي تدل على العنف والقوة في النص التالي	A
	Make a list of the expressions of violence in the following texts.	

معارك برية شرسة في جنوب لبنان

توغلت القوات البرية الإسرائيلية أكثر في جنوب لبنان بعد أن وافقت الحكومة الإسرائيلية المصغرة بالإجماع على توسيع نطاق العمليات العسكرية البرية ضد حزب الله. وقال وزير بارز في الحكومة الإسرائيلية يوم الثلاثاء إن الجيش بحاجة إلى نحو أسبوعين كي يحقق أهدافه.

وقال بنيامين بن أليعاز وزير البنية التحتية ووزير الدفاع السابق لراديو الجيش الإسرائيلي: "أرى إن الوقت اللازم كي يكمل الجيش مهمته. وأعني بذلك تنظيف المنطقة التي نريد أن تنتشر فيها القوات الدولية من حزب الله. سيستغرق بين عشرة أيام وأسبوعين." أما على الأرض فدارت معارك شرسة بين القوات الإسرائيلية ومقاتلي حزب الله في جنوب لبنان اليوم الثلاثاء.

وقالت القناة الثانية للتلفزيون الإسرائيلي إن الجيش الإسرائيلي طلب من سكان بعض المناطق شمالي نهر الليطاني الجلاء عن منازلهم. وقال حزب الله انه يتصدى لتوغلات قرب بلدتي عيتا الشعب وكفركلا. واكتفى مصدر عسكري إسرائيلي بالقول بأن هناك اشتباكات "متقطعة". وكان الجيش الإسرائيلي قد أعلن أن قواته قتلت 20 من مقاتلي حزب الله خلال التوغلات التي قام بها في جنوب لبنان على مدى الثماني والأربعين ساعة الماضية. ونفى حزب الله تعرضه لأي خسائر كبيرة في الأرواح.

من جهة أخرى قال تلفزيون المنار، التابع لحزب الله، إن ثلاثة جنود إسرائيليين قتلوا في اشتباكات مع حزب الله في جنوب لبنان يوم الثلاثاء. وأضاف أن الجنود قتلوا في منطقة بالقرب من قرية عيتا الشعب.

ولم يؤكد الجيش الإسرائيلي على الفور مقتل الجنود الثلاثة. ووفقا لوكالة رويترز فإن المقاتلات الإسرائيلية قامت بقصف قريتين في جنوب لبنان، رغم تعهد إسرائيل بوقف الغارات الجوية على جنوب لبنان مدة 48 ساعة في أعقاب الغارة على قانا. كما قال مسئولون لبنانيون إن المقاتلات الإسرائيلية أغارت على مناطق في شرق لبنان. وأضاف المسئولون اللبنانيون أن الغارات استهدفت الطريق الذي يربط بين شمال شرق لبنان وسورية.

كما قصفت الطائرات الإسرائيلية طرقا قرب بلدة الهرمل بشمال شرق لبنان ومناطق بشرق لبنان قرب الحدود السورية. وقالت الشرطة اللبنانية إن المقاتلات الإسرائيلية ضربت أكثر من مرة بلدة الهرمل، والتي تبعد 15 كيلومتر من الحدود السورية وتعتبر معقلا من معاقل حزب الله. وقال متحدث باسم الجيش الإسرائيلي إن الغارات على الهرمل تهدف إلى "منع نقل أسلحة" لحزب الله.

أما على الجبهة الأخرى، فقال الجيش الإسرائيلي إن ثلاثة صواريخ لحزب الله أصابت قرية إسرائيلية على الحدود ليل الاثنين. في غضون ذلك أبلغ الرئيس السوري بشار الأسد جنود الجيش السوري برفع حالة التأهب القصوى وذلك من أجل مواجهة أية "تحديات إقليمية".

توسيع العمليات

وكان مجلس الوزراء الإسرائيلي قد وافق على توسيع نطاق الهجمات البرية للجيش الإسرائيلي في لبنان.

وقد اتخذ هذا القرار في جلسة مغلقة لمجلس الوزراء الإسرائيلي المصغر وبالإجماع حسبما صرّح مصدر سياسي. وتعتزم الحكومة الإسرائيلية أيضا استدعاء مزيد من قوات الاحتياط حسب ما ذكرت الإذاعة الإسرائيلية. وكان رئيس

الوزراء الإسرائيلي إيهود أولمرت قد استبعد أي وقف لإطلاق النار على لبنان قبل أن تبلغ الحرب هدفها، وقال في خطاب ألقاه في تل أبيب: "سيستمر القتال، لا وقف لإطلاق النار، ولن يكون هناك وقف خلال الأيام القادمة."

وأضاف أولمرت مخاطبا الإسرائيليين: "قررنا العودة إلى الحرب وسوف ننهيها، عندما يبتعد الخطر عنكم، وعندما يُفرج عن جنودنا المختطفين، وعندما سيصير بإمكانكم أن تعيشوا بأمان في منازلكم وشوارعكم وقراكم وأماكن عملكم."

وقال أولمرت في إشارة للخسائر التي أصابت الجيش الإسرائيلي على يد مقاتلي حزب الله، إنه توقع من البداية أن يكون ثمن الحرب في لبنان غاليا، ولكنه أضاف إن إسرائيل نجحت في دفع حزب الله بعيدا عن حدودها الشمالية ولن تسمح له بالعودة، مؤكدا أن إسرائيل وجهت ضربات قاصمة للحزب ولن تسمح له بإعادة بناء قواته أو إعادة إمداده بالسلاح.

BBC online 1/08/09

ترجمتها	عبارات العنف والقوة

✓ B ب عوضوا ما بين قوسين بالعبارات المناسبة باللغة العربية

Give the Arabic equivalent of the English phrases in brackets.

1 (the war flared up) .... لليوم الثاني على التوالي

2 أدت أحداث الحادي عشر من سيبتمبر إلى لجوء الولايات المتحدة إلى نظام (pre-emptive strike)

....

3 شنت القوات الأمريكية (full-scale attack) .... على العراق

4 عرقل الإعصار حركة النقل والتنقل في المدينة وخارجها وترتبت عنه ....(heavy losses) شملت المدينة وأهلها.

5 صاحب الإعصار أمطارا غزيرة .... (violent storms) مما أدى إلى انهيار بعض المباني والمنازل.

6 قامت القوات العراقية .... (reduce tension) بين الشيعة والسنة

7 رفضت روسيا هذه الخطوة خشية (eruption of war)..جديدة

8 قصف (training camp).. للقاعدة في أفغانستان

9 .... الشرطة .... (tear gas) في مواجهة الحشود الغاضبة

ج	استخرجوا العبارات التي تعبّر عن العنف والقوة في النص التالي	C

Find phrases describing violence in the following text.

بعد 27 يوما على هجمات 11 سبتمبر/ أيلول 2001 ضد أهداف في نيويورك وواشنطن أطلقت الولايات المتحدة في أفغانستان مساء الأحد الماضي غاراتها الجوية على أفغانستان لتعلن بدء عملياتها العسكرية ضد ما تصفه بالإرهاب. وأعلن الرئيس الأميركي جورج بوش بدء الضربات العسكرية على أفغانستان بعد رفض حركة طالبان الحاكمة في أفغانستان تسليم أسامة بن لادن المتهم الرئيسي في نظر واشنطن في الهجمات.

7 أكتوبر/ تشرين الأول

في الساعة 16.30 بتوقيت غرينيتش شنت السفن والطائرات العسكرية الأميركية على طالبان داخل أفغانستان ثلاث موجات من الغارات الجوية حيث قصفت الطائرات الأميركية المطار وساد الظلام المدينة بسبب انقطاع التيار الكهربائي.

وأكدت وزارة الدفاع الأميركية أن نحو 50 صاروخا من طراز توماهوك قد أطلقت من سفن وغواصات أميركية وبريطانية، كما قصفت مدينة قندهار معقل طالبان ومدينة جلال آباد مرتين علي الأقل بموجة من الغارات الجوية والقصف بقذائف كروز الأميركية والبريطانية. فقد سقطت قنابل وصواريخ على أهداف لحركة طالبان في العاصمة كابل وقرب مطارها. وأطلقت قوات الحركة نيران المدفعية المضادة للطائرات. وقطعت سلطات طالبان الكهرباء عن المدينة في إجراء دفاعي وقائي. وعاد التيار بعد نحو 90 دقيقة.

بعد دقائق من الضربات الجوية على كابل، تعرضت مدينة قندهار الجنوبية لضربات جوية.

وتلت ذلك هجمات على مدينة جلال آباد في شرق البلاد، كما تعرضت بلدات أصغر في الشمال فضلا عن مدينة مزار شريف الكبرى للهجوم.

3.10 Gratitude — 3.10 الاعتراف بالجميل

1 أنا شاكر لك ما فعلت لي
2 أنا مدين لصديقي بما فعل نحوي.
3 أنا مدين لصديقي بما قدم لي
4 أشعر بكثير من العرفان لصديقي
5 كل ما حققته هو بفضل/ بعون أبي وأمي.
6 لا أستطيع أن أعبر عن شكري لك.
7 اعترف اعترافا كليا بمساعدتك الرائعة لي.

A	أ
Use the following in complete sentences.	ضعوا مايلي في جمل مفيدة

1 مدين لـ ....
2 شاكر لـ ....
3 يشعر بالعرفان ....
4 أعترف اعترافا ....
5 هو شاكر لـ ....
6 هي مدينة لـ ....

3.11 Doubt and uncertainty — 3.11 الشك والاعتقاد

1 عندي شك في قدراته على التدريس في الجامعة
2 لست على يقين من المسؤول على فشل البرنامج الدراسي
3 أظن أن الأستاذ في وضع صعب هذه الأيام
4 أعتقد أن الطالب يمكن أن ينجح إذا عمل كل مجهوذاته
5 أنا على يقين / أنا متيقن من أن العمل الجاد يؤدي إلى النجاح
6 أنا متأكد أن أباها سيزورنا اليوم
7 من المحتمل أن ترتفع أسعار البيوت بعد الأزمة الإقتصادية الحالية
8 من الأرجح أن يسافرا إلى بريطانيا اليوم لزيارة إبنهما

A أ استخدموا العبارات التالية في جمل مفيدة

Use the following in complete sentences.

1 من المحتمل أن ....

2 من الأرجح أن ....

3 أعتقد أن ....

4 على يقين من ....

Consolidation exercises

A أ ضعوا مايلي في جمل مفيدة

Use the following in meaningful sentences.

1 كثير من العرفان ....

2 أعترف إعترافا ....

3 ليس على يقين ....

4 عنده شك..

5 من غير الأرجح أن..

B ب استخرجوا عبارات العنف والقوة من النص التالي

List expressions of violence in the following text.

جدّد رئيس البرلمان اللبناني نبيه بري تأكيده أن أي حل للأزمة القائمة بين لبنان وإسرائيل يجب أن يبدأ بوقف شامل لإطلاق النار وعودة النازحين الى ديارهم والتفاوض على تبادل الاسرى اللبنانيين في إسرائيل مع الجنديين الإسرائيليين اللذين اسرهما «حزب الله». وأعلن تأييده لمواقف رئيس الحكومة فؤاد السنيورة التي ادلى بها خلال مؤتمر روما، رغم أن بعض النقاط تحتاج الى بحث في التفاصيل، منتقداً مواقف بعض القادة العرب التي «شجعت اسرائيل على المضي في عدوانها على لبنان».

ورأى بري في حديث لقناة «الجزيرة» الفضائية أمس أن سلة الحلول التي قدمتها وزيرة الخارجية الأميركية كوندوليزا رايس للمشكلة «تنم عن وجود مؤامرة تستهدف لبنان بأسره». وسأل: «هل سمعتم بحل لأي حرب في العالم لا يبدأ بوقف اطلاق النار؟». وقال: «إن الحل يجب أن يبدأ بوقف فوري وشامل لاطلاق النار وعودة النازحين إلى قراهم ومدنهم والتفاوض على تبادل الأسرى اللبنانيين ونوعها ومهامها ومزارع شبعا وغيرها». وعن موقفه من خطاب رئيس الحكومة فؤاد السنيورة، في روما، قال بري أن السنيورة هو «رئيس حكومة ويمثل كل لبنان. وهو قدم خطاباً علنياً وطالب بوقف اطلاق النار" الشرق الأوسط 29/07/06

3.12 Admiration — 3.12 الميل والولع

1 أميل إلى طرحها الذي ينص على أن أي تقدم يحتاج إلى تخطيط
2 أتعاطف مع برنامج حزب العمال الإقتصادي
3 يعجبني أسلوب تعامله مع الناس
4 تروقني معاملتها الجيدة مع زملائها في الصف
5 أجد ميلا إلى طريقة تدريسها للغة العربية
6 هي مولعة بالموسيقى العربية
7 ظل مغرما/ مشغوفا/ مجنونا/ بـها طوال حياته

A	أكتبوا فقرة صغيرة تعبّرون فيها عن ولعكم لأحد أفراد أسرتكم	أ
	Write a short paragraph expressing your admiration for a member of your family.	

....

....

....

....

....

....

....

3.13 Bravery and cowardice — 3.13 الجرأة والشجاعة والجبانة

1 كانت له الجرأة عندما واجهها بما عملت
2 تجرأ عليها وطلب صداقتها
3 كانت له الشجاعة عندما صحّح أخطاء أستاذه
4 لم يخش/ يهب / يخف أحدا في قوله للحق
5 دفعه الجبن إلى الهروب من المعركة
6 كانت الشجاعة تنقصه وهو يواجه خصمه
7 خانته الشجاعة وهو يواجه خصمه

A	ضعوا مايلي في جمل مفيدة	أ
Use the following in complete sentences.		

1 تجرأ على ....
2 أصابه الجبن ....
3 خانته الشجاعة ....
4 لم تهب ....

Unit review exercises

1	ضعوا مايلي في جمل مفيدة.	1
Use the following in meaningful sentences.		

1 طريق مسدود: ....
2 شوّه وجه الحقيقة: ....
3 بذل قصارى جهده: ....
4 بصرف النظر: ....
5 دون قيد أو شرط: ....
6 عريق في القدم: ....
7 لا يجفّ له ريق: ....
8 من كل حدب وصوب: ....
9 بعيد المنال: ....
10 دليل قاطع: ....
11 أطلق سراح: ....
12 حدّق في: ....
13 ألقى نظرة على: ....
14 إنكب على: ....
15 قلبا وقالبا: ....
16 حجة دامغة: ....
17 عاث في: ....
18 فقر مدقع : ....
19 استحوذ على: ....

20 ينتهك الميثاق: ....

21 تراجع في الشعبية:...

22 تكبّد خسائر:...

23 أحرز تقدما:..

24 أحجم عن التصويت:...

2 كوّنوا فقرة مستخدمين بعضا من العبارات التالية. 2

Use the following to form a paragraph.

إنتخابات – صناديق الإقتراع – فاز فوزا ساحقا – حملة إنتخابية – استطلاعات الرأي – فرز الأصوات – التصويت لصالح – البرنامج السياسي – الأحزاب المتنافسة – المرشّحون.

3 اعطوا عبارات تعبّرون فيها عن مايلي ثم ضعوها في جمل مفيدة. 3

How do you express the following? Give examples to illustrate.

1 الإعتراف بالجميل:

....

....

2 الشك والإعتقاد:

....

....

3 النجاح والفشل:

....

....

4 الجرأة والشجاعة:

....

....

5 الميل والولع:

....

....

4	4
تحتوي الجمل التالية على مصطلحات/مفردات غير مناسبة في سياق الجملة. حدّدوا هذه المصطلحات وعوّضوها بالمصطلحات المناسبة.	
Correct the following sentences.	

1 أرسل الحرب من عقالها بعد فشل المفاوضات

....

2 حكم عليه بالسجن لأنه احتفظ بوجه الحقيقة

....

3 قام الطالب المثابر بعمله على الوجه الأصغر

....

4 ستصبح الإتفاقية ساريّة المعمول السنة القادمة

....

5 طالبت قوات الأمن من سكان المنطقة القيام بالحيطة والحذر

....

6 عدّل قصارى جهده للفوز بالإنتخابات التشريعيّة القادمة

....

7 يعتبر هذا الأستاذ مغلوب على فعله. فطلابه لايحترمونه.

....

8 يدعونه بالثرثار، فريقه لايتوقف طول النهار

....

9 رغم أملها بالفوز في الألعاب الألمبية فقد عاد بيدي حنين

....

5	5
أتمموا الجمل التالية بالكلمات الناقصة.	
Fill in the blanks with the appropriate words.	

1 جاء الأساتذة من كل حدب و............... للمشاركة في المؤتمر السنوي

2 انتظرت قدومها عل أحرّمن ....

3 انفطر بـ .... عندما سمع وفاة والدته

4 كنا نتحدث فدخل علينا على حين ....

5 السفر في الصحراء ليلا عمل محفوف بـ ....

6 طلب المعلم من التلاميذ حفظ الدروس عن ظهر ....

7 عبّرت قلبا و .... عن رفضها لزواج ابنها من اجنبية

8 وقعت الحادثة في أقل من لمح ....

9 عاث فرعون .... في الأرض.

10 نجحت الجهود .... لتجنب الحرب.

✓	6	اقرأوا هذه المقولات واشرحوها.	6

Explain the following sayings.

ما يكسب بسهولة يضيع بسهولة easy come, easy go

مهما شرّقت أو غرّبت فلن تجد خيرا من الوطن East or West, home is best

لكل كلب يومه every dog has his day

يوم لنا ويوم علينا

التاريخ يعيد نفسه history repeats itself

الولد صورة عن أبيه like father, like son

إن هذا الشبل من ذاك الأسد

من الحبة تنشأ الشجرة

من أحبني أحبّ كلبي معي love me, love my dog

اصنع التبن مادامت الشمس مشرقة make hay while the sun shines

الأخلاق تصنع الرجل manners make the man

المال يولد المال money breeds/begets money

كثرة الأيدي تخفف من عبء العمل many hands make light work

يد الله مع الجماعة

ليس للتعلم سنّ يقف عندها never too old to learn

	7	اشرحوا ما تحته خط في الجمل التالية.	7

Give synonyms for the underlined words.

1 إنني أودّ القول إنه نصر للأمة الأكرانية

....

2 احتشد عشرات الآلاف من أنصار المعارضة المبتهجين.

....

3 الإختيار السليم

....

4 انضم إلى الجيش

....

5 وأعرب عن أمله أن يتحسن الوضع في العراق

....

8 اقرأوا النص أسفله جيدا واستخرجوا مرادفات مايلي *8*

From the text find synonyms for the following.

ضجيج	
القريبة	
كبيرة	
بهجة	
مزرعة	
الهادئة	
يسلّم	
بدأ	
اتقان	
همّه الوحيد	
واسع	
الملونة	
المرح	
تعاسة الحياة	
صقلت	

لم أكن أحلم يوما أن أقضي عطلة الربيع بعيدا عن ضوضاء المدينة وازدحامها. وقد تحقق ذلك عندما زرت عمي في إحدى القرى المجاورة. كانت فرحتي عارمة وسروري هائلا وانا أزور ضيعة عمي والتي تعد أحسن وأجمل ضيعة تعرفها المنطقة الجبلية الساكنة. كان انتاجها وافرا وعطاؤها كريما. لكن كل ذلك تحقق طبعا بفضل جهود عمي الدائمة والغير المنقطعة. كانت الضيعة هي منزله الأصلي. يحيّيها قبل طلوع الشمس ويودّعها بعد غروبها.

كانت كلما فتحت الشمس عينيها وجدته وقد انكب على عمله يخدم هذا الغرس وذاك بكل اخلاص وتفان في العمل. فكان يظل منكبا تحت حرارة الشمس الساطعة دون تعب أو ملل بل دون أي قسط من الراحة. فقد عرف بين فلاحي المنطقة بالمثابر والصبور. لم يكن شغله الشاغل سوى ضيعته التي كانت ترى روضة من رياض الجنة بفضل العمل المتقن. فكلما رأيته في عمله تحسبه آلة حديدية.

كان رحمة الله عليه يصاحبنا معه ونحن صغار السن لنشاركه نشاطه وحماسه اليومي. ولم نكن لوحدنا بل كانت الطيور تزقزق تارة فوق رؤوسنا وتارة في الهواء الطلق معبرة عن فرحتها وموسيقى الراعي تدوي في آذاننا ورائحة الورود المزركشة تشم في أنوفنا. كنا إذا أصابنا الملل جرينا وراء فرشاة الحقل المزركشة وقطفنا هذه الزهرة وتلك أو تسلقنا الأشجار لنختفي عن عمي الذي ظل منحنيا ولم يستقم. لقد شعرت بالحرية والخلاص من قطبان المدينة المملة. وأحسست بالراحة وأنا بعيد عن تلوث هواء المدينة وصراخ أهلها. وفرحت كثيرا بشساعة و فساحة ضيعة عمي والتي اعتبرت منزلنا الأول ما دمنا نقضي فيها كل اليوم من طلوع الشمس إلى غروبها في اللعب والفسحة.

أيام علمتنا روح المسؤولية والانضباط ونحن صغار السن. ولقنتنا مدى جمال الحياة ولذتها للصغار وصعوبتها وشقاوتها للكبار . لكن الدرس الوحيد الذي نقش في ذهني منذ الصغر هو حال ذلك الرجل الصبور القوي والمحب لعمله. فلم يكن فقط مثال الإخلاص بل مثلا أعلى وقدوة ليس فقط لنا بل لكل مزارع في المنطقة. ظل الكل ينعته " بأبي الضيعة" لأن ضيعته هي شغله الشاغل وحلمه الوحيد. فكنت كلما مررت بجانبها سجنت عيناك بجمال ودقة التخطيط بل واستقامة العمل. كان عمي بحق رمز التضحية والمثل الذي يقتدى به ويرمز به داخل القرية الصغيرة. لم يشغل باله شئ سوى المقولة الراسخة في ذهنه: من جد وجد ومن زرع حصد. نعم، إنه شعار الكد والجد والتفاني في العمل.

انقضت عطلتي ورجعت إلى سخط المدينة وازدحامها. أما صورة عمّي المثابر فقد ملئت عقلي وجعلتني أتساءل وأنا صغير السن عن سبب لغز اهتمام عمي واجتهاده. ولم تغب صورة الطيور المبتسمة عن مخيلتي. أما موسيقى الراعي فقد كرست حبي للقرية وأهلها. لكن هذا الحب سرعان ما انقطع بغياب عمي الذي فارق الحياة. فرغم حبي للقرية وجمالها إلا أن فقدان عمي قلل من حدة ذالك التعاطف الكلي مع الطبيعة وأهلها. وكبرت وكبرت معي صورة الاجتهاد والكد التي ترسخت في عقلي منذ زمن مضى. زمن لم أكن قادرا فيه التمييز بين الفقير والغني والقروي والحضري. زمن كنت أنظر فيه إلى الحياة بنظرة واحدة. **(بقلم : د. مصطفى لهلالي)**

9	أكملوا الفراغات بالمصطلح المناسب. صلوا الرقم في الفراغ بالكلمة المناسبة أعلاه	9
	Fill in the blanks. Match the number in the blank with the appropriate word.	

نكران – تقاليد – الحضارية – يشجبها – الإعتراف – المحسوبية –
نشعر – تشعبا – خدمة – العليا

http://www.iraqgate.net/article/publish/article_322.shtml

ليست الإنتخابات سياسة فحسب، إنها ثقافة متقدمة ، ولكونها ثقافة تكون أكثر .... (1) .... من

السياسة وأكثر ثوابت فيما يخصها كممارسة وكأعراف وكـ .... (2) .... وكطاقة حية داخل

المجتمع لتحريك كل خصائصه الإنسانية و .... (3) .... ، فليس الانتخابات هي من ينعكس على حال البلاد العامة ومفاصلها الاجتماعية والتاريخية بل كل ذلك ينعكس على الانتخابات ، ثقافات ومواصفات عديدة تنعكس على الانتخابات ،لتجعل منها ثقافة ، التسامح، الصبر، الحوار، احترام القانون العام، تحول بعض المفاهيم كالرشوة و .... (4) .... والتعصب من سمة وامتياز لممارسها إلى صفة ذميمة .... (5) .... المجتمع بل ويسخر منها ، لا يمكن أن نمارس الانتخابات دون أن .... (6) .... بحرية داخلية ومنطق معتدل يرى ان السياسة هي .... (7) .... الآخرين وان المنصب السياسي هو تكليف خدمي ينزل إلى أدق الحاجات و المستويات الإنسانية من أجل تقويمها والإرتقاء بها. لا يمكن أن نمارس الإنتخابات ونحن نخضع لمنطق القوة و"العفرتة" ومنطق الخوف ومنطق رضا الآخرين على حساب غياب مصلحة البلد .... (8) .... التي هي من مصلحة أفراده. فليس الانتخابات تحتاجها الشعوب فقط بل العكس، الانتخابات تحتاج إلى وعي عام و .... (9) .... ذات و .... (10) .... بالفشل أو الهزيمة والعمل على تجاوزهما والاحتمال المتبادل بين السلطة والمعارضة والناس ، دون المساس بالاولويات.

ب.

ماسة – البدائية – نحو – آثار – الأغذية – حالة – معدات – احتمال – زلزال – الأنقاض – الضحايا

وكان هذا الزلزال قد أدى إلى............ (1) .... من............ (2) .... في منطقة المحيط الهندي التي مازالت تعاني من............ (3) .... كارثة تسونامي في كانون الأول ديسمبر من العام الماضي، والتي أدت إلى مقتل............ (4) .... 300 ألف شخص، ثلثاهم في إندونيسيا. وما زال الكثير من............ (5) .... ينامون في الخارج عند حلول الليل خوفا

من............ (6) .... حصول .... (7) .... جديد. وفي حين تصب الجهود الآن في مساعدة الضحايا الذين لا يزالون تحت .... (8) .... ، هناك حاجة............ (9) .... أيضا إلى............ (10) .... والمياه والخيام والطاقة لمولدات الكهرباء.

وقد أدى النقص في............ (11) .... الإنقاذ الثقيلة إلى اضطرار السكان إلى استعمال الأدوات............ (12) .... للبحث عن الناجين تحت الأنقاض.

10 أكتبوا فقرة تصفون فيها أحد المزارع التي زرتموها في منطقتكم **10**

Describe in a paragraph a farm you have visited in your area.

11 صفوا مدينتكم آخذين بعين الإعتبار مايلي **11**

Describe your city, including the following:

1 موقع مدينتك في البلد
2 حجم مدينتك: المساحة والسكان
3 مميّزات مدينتك الصناعية والسياحية

Unit 4: Writing Articles الوحدة الرابعة: كتابة مقالات

4.1 How to write a précis 4.1 كيفية كتابة تلخيص

What is a précis?

A précis is a concise summary of a text and should contain the main ideas of the text, but phrased in your own words. The précis should not include ideas of secondary importance. Your summary should not contain your personal opinions or views. Your task is to provide in your own words a brief summary of the main substance of the text to the reader without any criticism or interference in its meaning.

Comprehension of the text is of paramount importance to any précis. Misunderstanding the content of the text might lead to inaccurate summarising.

Your selection of vocabulary is as significant as the comprehension of the original text. Because of the richness of the Arabic language, words can have different meanings in different contexts. Pay close attention to the use of words and their meaning in the contexts in which you employ them.

As already stated, even if you do not agree with the author, you should not include your opinion in the précis. Your précis should reflect your communication skills, and your ability to transfer knowledge without alteration to the core meaning or content of the text. The purpose of the task is to demonstrate your ability in paraphrasing Arabic. Avoid long quotations from the text. Small quotations can be used to support the précis.

Make sure your sentences are well structured and grammatically correct and your punctuation is accurate. Avoid long sentences; short sentences can help you reflect the meaning of the source text more accurately.

Remember: Arab writers tend to use semantic pairs and, in some cases, repetition to emphasise a point. It is part of the Arabic writing culture that writers use many different stylistic aspects to express a meaning. These variations in style should be avoided when writing a précis. Apply a simplistic approach in your summary.

"وفي هذا اليوم التاريخي في مسيرتنا الوطنية أقول لجميع أبناء شعبنا الذين شاركوا في التصويت، وفي إحياء شعلة الديمقراطية، لكم جزيل الشكر والعرفان، ولكم العهد مني ببذل كل الجهد لتنفيذ البرنامج الذي انتخبتموني على أساسه، ولمواصلة السير على الدرب لتحقيق أهدافنا الوطنية. والشكر والتقدير لجميع الذين عملوا من أجل نجاح هذه الحملة الانتخابية، إخوتي في حركة فتح في مختلف المناطق، ولجميع القوى والهيئات والمؤسسات الوطنية، والفعاليات والشخصيات، التي بذلت أقصى الجهد دفاعاً عن برنامجنا الوطني الواضح الذي يحظى الآن بأوسع دعم شعبي.

اليوم و بعد ظهور نتائج الانتخابات واجتياز شعبنا العظيم لهذا الامتحان، أقف أمامكم بصفتي رئيساً وممثلاً للشعب الفلسطيني بأسره لأقول: أننا سنواصل المسيرة من أجل تعزيز الوحدة الوطنية وتعميق الحوار مع جميع القوى وكل التيارات الفاعلة في وطننا، والحرص على صلابة بنيان مجتمعنا ومؤسساتنا. كما سنواصل مسيرة ياسر عرفات من أجل تحقيق السلام العادل/ سلام الشجعان الذي كان يعمل دوماً في سبيله، والذي أعطى كل حياته وجهده وعرقه من أجل تحقيقه."

خطاب الرئيس محمود عباس امام المجلس التشريعي رام الله 2005/1/15

A	إقرأوا النص أعلاه واستخرجوا ثلاث أفكار رئيسية	أ
Find three main topics from the above text.		

1 ....

2 ....

3 ....

B	إقرأوا النص وشطبوا على الأفكار الغير صحيحة فيما يلي	ب
Read the text again and cross out the inaccurate statements in the following.		

1 يتحدث محمود عباس عن نتائج الإنتخابات الرئاسية

2 عبّر عباس عن أمله في تحقيق سلام عادل مع الإسرائليين

3 دعى إلى استثناء حركة حماس من الحوار الوطني

4 عاهد عباس الشعب الفلسطيني بالعمل من اجل تحقيق الرخاء في البلد

5 لمّح عباس إلى عدم نهج سياسة عرفات

C	أتمموا الجمل التالية بناء على النص أعلاه	ج
Read the above text and complete the following sentences using your own words.		

1 .... عباس كل أبناء الشعب الذين شاركوا في التصويت وعاهدهم بـ
.... لتطبيق برنامجه الإنتخابي.

2 يحظى برنامج عباس الإنتخابي بـ .... واسع

3 دعا عباس إلى .... الوحدة الوطنية و............... الحوار الوطني.

D	عوّضوا الكلمات المسطر عليها في النص بمفردات مناسبة من عندكم	د
Give synonyms for the underlined words in the text.		

4.2 Expressions used to form a précis

4.2 عبارات تساعد على تلخيص النصوص

1 في هذا النص يتكلم الكاتب عن الأزمة الإقتصادية التي ضربت العالم

2 يحكي الكاتب عن أهم الأسباب التي أدت إلى الأزمة الإقتصادية

3 يشير الكاتب إلى أثر الأزمة على الأسر ذات الدخل المحدود

4 يتناول الكاتب موضوع الركود الإقتصادي وكيفية تجنب إفلاس البنوك والشركات ممّا سيكون له أثر سلبي على العمالة

أ	استخدموا العبارات التالية في جمل مفيدة	A

Use the following expressions in sentences.

1 يبدأ الكاتب النص بـ..

2 يبرهن الكاتب على ....

3 يبيّن الكاتب أن............................ثم يمرّ لـ.........

4 يعطي الكاتب نظرة عامة عن............ ....

5 يشرح بتفصيل................... يصف بتفصيل........................

6 يلمح الكاتب إلى..

7 يستهل الكاتب هذا النص قائلا ....

8 يتمحور النص حول..

9 في الفقرة الأولى يطرح الكاتب............................

10 يحثّ الكاتب القارئ على.... ....

11 يختم الكاتب النص بـ..

12 باختصار يحاول الكاتب أن ....

ب	شطبوا على المفردات الزائدة والتي لا تؤثر على المعنى فيما يلي	B

Cross out the words and phrases which are repeated in the following paragraph.

تثار هذه الأيام عدة تساؤلات حول دور وأهمية وسائل الإعلام في تكوين وتربية الطفل ، والطفل العربي خاصة. ولأن التربية تعّد وتعتبر عاملا أساسيا وأساسا مهما في تنمية الموارد البشرية ، فهي تستطيع أن تقوم بدور الوسيط الموصل للمعلومات السياسية منها أو الإقتصادية أو الإجتماعية أو العلمية أو الثقافية ، ولكنها لا تستطيع أن تلغي أو تزيل دور الإعلام ، كما أن الإعلام لا يستطيع الإستغناء عن التربية والعمل خارجها، إن استخدام وسائل الإعلام يتيح ويسنح الفرصة لأول مرة للتربية ، لكي تتفاعل مع البيئة الإجتماعية ، باعتبار المدرسة عنصرا من عدة عناصر لبناء واسع كبير ، هو التربية المستديمة والدائمة. (مجلة الفيصل ، العدد 31 عام 1977)

ج	لخصوا الفقرة التالية في ثلاث جمل	*C*
	Provide a summary in three sentences for the following paragraph.	

كيف شعر الإنسان بحاجته إلى قياس الزمن؟

يقول المؤرخون إن إنسان ما قبل التاريخ كان يؤقت نشاطاته اليومية اعتمادا على شروق الشمس وغروبها ، وعلى ساعاته البيولوجية الداخلية ، أي تبعا لحالة الجوع في معدته. ولو تيسر لأحد سكان الكهوف في الزمان الغابر أن يحصل على أدق أنواع الساعات لما كان به حاجة إليها ، إذ كانت حياته بسيطة ، خالية من القيود والإلتزامات ، فهو لا يستيقظ من نومه إلا عند شروق الشمس. ولا يأوى إلى كهفه إلا عندما يخيّم الظلام ، يأكل عندما يحس بالجوع دون تحديد لأوقات وجباته اليومية.

(عن مقال: "صناعة الساعة وعلم التوقيت عبر التاريخ")

د.	قارنوا التلخيصين أسفله للنص التالي	*D*
	Compare the two précis of the following text.	

كان الاستعمار بالنسبة اليّ شيئا حقيقيا محسوسا . كنت اكره الاستعمار كما كان يكرهه جميع رفقائي ، الا ان كراهيتي كان لها بالاضافة الى ذلك بعد مباشر ينبع من تجربتي الشخصية كفلسطيني .

في صيف ١٩٤١ كانت حكومة فرنسا الحرة قد استولت على لبنان بمساعدة الجيش البريطاني. وحدث في السنة التالية اني ارسلت رسالة الى عائلتي في يافا بوساطة احد سائقي السيارات التي كانت تنقل الركاب بين بيروت وحيفا ويافا . وفي رسالة لاحقة أرسلتها بالبريد سألت والدي اذا كان قد استلم الرسالة التي ارسلتها مع السائق . ويظهر ان رسالتي وقعت في يد المراقبة فأحالتها الى دائرة الاستخبارات في الجيش الفرنسي . واستدعيت الى التحقيق ، الذي استمر عدة اسابيع . كنت أستدعى كل اسبوع تقريبا الى مكتب الأمن العام في الصنائع ، حيث كان يجلس الى ثلاثة مكاتب قديمة ، ثلاثة رجال في لباس مدني يحتسون القهوة ويدخنون .

كنت أنتظر حتى ينتهوا من قهوتهم وأحاديثهم فأجيب عن الاسئلة التي كانوا قد طرحوها عليّ في الاسبوع السابق والذي سبقه ، ثم أوقع الاوراق التي تقدم الي . واستمر

التحقيق على هذا المنوال حوالي السنة ، وكنت في هذه الاثناء قد انتقلت من الاستعدادية الى صف الفرشمن . وعند بدء الدراسة وبعد ازمة تشرين الثاني والمظاهرات دعيت الى المثول أمام المحكمة العسكرية . كان المكان الذي دعيت اليه في السراي ، في غرفة تقع الى يمين الدرج المواجه لكنيسة الكبوشية . وصلت قبل الموعد بنصف ساعة ، فجلست على الدرج انتظر . ولما حان الوقت أشار الي الحاجب ان ادخل ، فدخلت غرفة طويلة مظلمة تقوم في طرف منها منصة يحيط بها حاجز خشبي له ثلاثة جوانب . وكان يجلس في الطرف الآخر من الغرفة ضابط فرنسي يطالع أوراقا امامه . ولدى دخولي قادني شاب لبناني يقوم بدور المترجم الى المنصة، ووقف جانبا على بعد متساو بيني وبين الضابط الذي استمر بتفحص اوراقه دون ان يرفع رأسه او يبدي اية اشارة بأنه يشعر بوجودي . فوقفت على المنصة واضعا ذراعي على الحاجز وساقا خلف ساق ، كما يفعل المرء عندما يقف في شرفة يراقب ما يجري في الشارع .

وفجأة سمعت الضابط يصرخ بالفرنسية :

– قف منتصبا ايها القذر (Salaud) . في اي مكان تظن انك الآن ؟

وجفلت ، وانتصبت تلقائيا كما يفعل الجندي عندما يُلقى اليه امر . وكان قلبي يدق بسرعة، وبلل العرق جبيني . شعرت برهبة ما لبثت ان تحولت الى شعور باحتقار الذات امام هذا الاجنبي . استغرقت الجلسة اقل من خمس دقائق ، اعلن الضابط في نهايتها براءتي من التهمة الموجهة الي (تهمة التجسس !) وأنذرني بعدم ارسال رسائل خارج لبنان الا بواسطة البريد الرسمي . وخرجت منكس الرأس تكاد الدمعة تطفر من عيني خجلا مغضبا . لقد أهانني ذلك الفرنسي .

ولم ارد عليه بكلمة واحدة ! ما الفائدة من الثقافة والعلم اذا كان الفرد يحقر في وطنه ولا يستطيع الرد حتى ولو بكلمة !

وحدث لي اختبار مماثل في الصيف التالي في يافا . فقد ذهبت في اثناء عطلة الصيف الى مركز المخابرات (CID) للحصول على تصريح للعودة الى بيروت لمتابعة دراستي . وكان عليّ ان اقدم رسالة قبول تثبت اني طالب منسجل .

اخذت اوراقي الى المكتب المختص ، وكان يقع في شارع المستقيم المؤدي الى تل ابيب ، وانتظرت دوري في الصف .

– اسمك .

واعطيت الضابط البريطاني اسمي .

– لماذا تريد السفر الى لبنان ؟

– لمتابعة دراستي .

– أي دراسة هذه ؟

– سأنهي دراستي الثانوية هذه السنة .

ثم تناول الاوراق وتفحصها قليلا ثم قال :

– هذه الاوراق غير مكتملة .

فقلت بحدة :

– مش ممكن . لقد فعلت كل ما طلبته دائرة الجوازات .

هشام شرابي

Summary of the above text — تلخيص النص أعلاه

Version 1 — النموذج الأول

يصف الكاتب في هذا النص معاملة الاستعمار الفرنسي والبريطاني السيئة لطالب فلسطيني. فقد بيّن الكاتب معاناة الطالب الفلسطيني عندما أحيل إلى التحقيق نتيجة رسالة أرسلها عبر سائق سيارة إلى أهله في يافا. ويبدو أن الرسالة سقطت في يد المراقبة فأعطتها للمخابرات في الجيش الفرنسي. وقد وصف الكاتب بتفصيل المعاملة الغير مريحة التي تلقاها الطالب الفلسطيني في المحكمة. كما وصف هذا الطالب وهو يشعر بالخوف والرهبة أمام الضابط الفرنسي. ولم يقف الكاتب عند هذا الحد ، بل بين المعاملة البيروقراطية التي تلقاها نفس الطالب في فلسطين من طرف ضابط بريطاني. و حدث هذا عندما قدّم الطالب للحصول على تأشيرة دراسة للذهاب إلى لبنان لمتابعة دراسته. رغم أنه قدم كل الأوراق المطلوبة فقد اعتبر ملفه غير مكتمل.

Version 2 النموذج الثاني

يتحدث الكاتب عن طالب فلسطيني أرسل رسالة إلى أهله في يافا من لبنان مع أحد سائقي السيارات. وقعت الرسالة في يد المراقبة فأعطتها إلى المخابرات في الجيش الفرنسي الذي استدعى الطالب للتحقيق معه. كان الطالب يشعر بخوف ورهبة وهو أمام الضابط الفرنسي. كان قلبه يدق بسرعة والعرق بلل جبينه. بعد التحقيق خرج الطالب بريئا من تهمة التجسس التي وجهت له.

وفي الجزء الثاني من النص يصف الكاتب المعاملة السلبية التي تلقاها من طرف ضابط بريطاني الذي رفض أن يمنحه تأشيرة الدخول إلى لبنان لمتابعة دراسته رغم أن ملفه كان مكتملا.

ج لخصوا النص التالي فيما لا يقل عن 300 كلمة	E
Provide a précis for the following text in no more than 300 words.	

http://arabic.cnn.com/2005/world/11/4/paris.riot/

توسيع أحداث الشغب في فرنسا لتشمل جاليات المهاجرين

لليلة الثامنة على التوالي تستمر أحداث الشغب والعنف في فرنسا ، غير أنها هذه المرة امتدت لتشمل نحو 20 جالية في مختلف أنحاء البلاد ، وبخاصة بين المهاجرين ، المصابين بالإحباط نتيجة البطالة المتفشية بينهم إضافة إلى ما وصفوه "بالتمييز العنصري في المجتمع الفرنسي."

وكانت أحداث الشغب قد انحصرت في البداية في ضواحي باريس، غير أنها انتشرت إلى ما وراء العاصمة الفرنسية ليلة الجمعة ، حيث بلغت مناطق مثل ديجون في جنوب شرقي البلاد.

ويبدو أن الشغب في المناطق المحيطة بباريس قد خفت حدته الخميس ، إذ أفادت مصادر الشرطة بوقوع عدد محدود من الاشتباكات، رغم أن النيران التهمت العديد من السيارات والحافلات والمحال التجارية.

وتكافح قوات الشرطة والأجهزة الأمنية في فرنسا من أجل إعادة الهدوء، فيما بدأ الجدل يستعر حول كيفية وقف أحداث العنف والشغب.

وقامت الأجهزة الأمنية بنشر نحو ألفي رجل شرطة إضافيين في الشوارع مساء الخميس، فيما طالبت الشرطة بمساعدة قوات من الجيش الفرنسي.

وخلال الفترة الماضية، اعتقلت الشرطة الفرنسية ما يقرب من 100 شخص، معظمهم من الشباب والمراهقين، لعلاقتهم بأحداث الشغب.

وكان الرئيس الفرنسي ، جاك شيراك ، قد دعا مثيري الشغب قبل يومين إلى التزام الهدوء، محذراً من أن السلطات ستلجأ إلى الحزم لإعادة الأمور إلى نصابها، وحتى لا تصبح "خطيرة."

وكان الشبان الفرنسيون قد واصلوا على مدى الليالي الماضية، أعمال الشغب في واحدة من ضواحي باريس، في تحد واضح لدعوة وزير الداخلية نيكولا ساركوزي، للهدوء.

وأدت المواجهات مع الشرطة في ضاحية "كليشي سو بوا"، إلى إصابة احد العناصر بجروح.

وكان ساركوزي تعهد الاثنين بتعزيز الأمن في الضواحي التي اندلعت فيها أعمال العنف، إثر مقتل مراهقين اثنين، قبل نحو أسبوع، بعد أن صعقهما التيار الكهربائي في محطة فرعية للطاقة، أثناء فرارهما من الشرطة، على ما يبدو.

يُشار إلى أن ضاحية "كليشي سو بوا" يسكنها كثير من المهاجرين والأسر الفقيرة التي تعيش في مجمعات سكنية تشتهر بأعمال العنف التي يقوم بها الشبان.

وبدأ ساركوزي، الذي يطبق سياسة "اللا تسامح" إزاء العنف، حملة جديدة على الجريمة هذا الشهر، وأمر بأن تتولى قوات شرطة خاصة مدربة أمر 25 ضاحية مضطربة بمدن في أنحاء فرنسا.

ويقول الاشتراكيون المعارضون إن العنف في ضواحي باريس يظهر فشل سياسات ساركوزي الصارمة، وتؤكد الحاجة لإتخاذ خطوات في مجالات منع الجريمة والإسكان والتعليم.

4.3 Writing introductions and conclusions
4.3 كيفية كتابة مقدمة وخاتمة

Writing an introduction
كتابة مقدمة

Your introduction is your first point of contact with your reader. It is crucial that this introduction appeals to your reader and attracts his/her attention. Your introduction should prepare the reader for what will be discussed in the body of your essay or article.

Function of the introduction

● To get the reader interested

● To introduce the topic of the essay

أ	اقرأوا المقدمة التالية واستخرجوا أهم الأفكار التي ستناقش في الموضوع	A

Read the following introduction and find the main ideas to be discussed in the rest of the article.

الفراغ وأثره في الحياة الإجتماعية

تثار هذه الأيام أسئلة حول مفهوم الفراغ في الحياة المعاصرة ومدى انشغالات الإنسان المعاصر. في القسم الأول من هذا الموضوع سنحاول أن نعرف الفراغ وكيفية ظهوره في الحياة الإجتماعية. وفي القسم الثاني سنتطرق إلى الأثر السلبي للفراغ على المجتمعات والمشاكل الإجتماعية التي تنتج عن الفراغ. أما القسم الأخير من هذا الموضوع سنقوم بطرح بعض الحلول التي تساعد على استغلال الوقت.

ب	أتمموا الفراغات التالية لتكوين جمل مفيدة	B

Fill in the following blanks to form complete sentences.

1 سنقسم بحثنا هذا إلى ثلاثة أقسام نتناول في أولها .... و في ثانيها.......... وفي ثالثها.......
2 سيحوي بحثنا هذا ثلاثة أقسام نتناول في أولها....... ثم ....ثم ....
3 نقسم مقالنا إلى قسمين: سنعالج في القسم الأول....... ثم نتعرض لـ ..../ وبعد ذلك نتطرق إلى .... وختاما سنتعرض لـ ....
4 أحببت أن أقسم هذا المقال/البحث إلى قسمين ، يعنى القسم الأول بـ ...... والقسم الثاني ....
5 سأبحث هذه النقطة بشيء من الإيجاز
6 في مستهل هذا القسم سـ..........

ج	أكتبوا مقدمة وقدّموا الأفكار التالية مستخدمين العبارات أعلاه	C

Introduce the following topics using some of the above phrases.

أهمية القراءة في حياة الإنسان

1 القراءة مصدر العلم والتعلم
2 تنمي عقل وفكر القارئ
3 تقتل الفراغ وتساعد على تجنب الملل
4 تحسن لغة وأسلوب القارئ

Sample of an introduction

نموذج لمقدمة

من البديهي أن التدخين مضر للصحة و يؤدي إلى أمراض كثيرة، لكن البعض يؤكد عكس ذالك. سنقسم هذا الموضوع إلى قسمين أساسيين: سنعالج في القسم الأول أسباب التدخين و النتائج السلبية الناتجة عنه وفي القسم الثاني سنعرض بتفصيل لبعض الحلول والمقترحات للحد من هذه الظاهرة المهدّدة لصحة و سلامة الإنسان.

Writing a conclusion

كتابة خاتمة

Tips on writing a conclusion

The conclusion serves as your last contact with your reader. Therefore, it should be concise and reflect the main content of the essay/article. It should include a summary of the ideas discussed, or your final perspective on the topic. The conclusion can also provide the reader with something to think about.

Function of the conclusion

- To signal the end of the essay

- To wrap up the various points of your essay

D	<div dir="rtl">إقرأوا النص التالي واستخرجوا العبارات التي تعبّر عن خاتمة النص</div> د

Read the following text and find the phrases which express conclusion.

لقد تطرقنا في هذا النص إلى ضرورة فهم قيمة العمل في العالم العربي وما ينتج عنه من نجاح وتقدم في الحياة الخاصة ، وازدهار وتطور في المجتمع. وخلصنا إلى القول أن الإخلاص في العمل هو أساس تطور وتقدم المجتمعات. وإجمالا فإن مستقبل الأشخاص والمجتمعات مبني على أسس العمل الخالص والدؤوب.

E	<div dir="rtl">أدرسوا العبارات التالية وضعوها في جمل مفيدة</div> ح

Study the following phrases and use them in sentences.

---

1 وصفوة القول أن .... / قصارى القول أن

2 مجمل القول أن......

3 وفي ختام موضوعنا نودّ أن.........

4 ختاما لهذا المقال أريد أن أبيّن أن......

5 سأختم بحثنا/مقالنا بمناقشة وجيزة ....

6 وخلاصة القول فإن........

7 في نهاية هذا الموضوع أريد أن..........

F	أكتبوا خاتمة للأفكار التالية مستخدمين العبارات أعلاه	و
Use the above phrases to write a conclusion for the following topics.		

الحرب وسلبياتها:

- الحرب أساس العداء بين المجتمعات
- الحرب مصدر تراجع المجتمعات إقتصاديا
- الحرب تؤدي إلى قتل الأبرياء من الرجال والنساء

Sample of a conclusion — نموذج لخاتمة:

بعد دراستنا ومناقشتنا بتفصيل لأسباب ونتائج التدخين سنختم مقالنا/بحثنا بالقول أن توعية الأجيال القادمة بمساوئ التدخين أصبح شيئا واجبا وضروريا بل مسؤولية كل فرد في الأسرة والمجتمع. كما أنه بات ضروريا توعية الأجيال الصاعدة بخطورة التدخين على صحة الفرد. وربما يكون عمليا لو تمّ وضع تحذير على علب السجائر بمدى خطورة التدخين على صحة الإنسان.

4.4 Writing a news report — 4.4 كيفية كتابة مقال إخباري:

1 ما هو المقال الإخباري؟

2 ما هي العناصر التي يتضمنها المقال الإخباري؟

How to write a news report — كيفية كتابة مقال إخباري

Step 1

Before starting to write anything in Arabic, first be clear about the topic on which you wish to write. Assemble facts and ideas surrounding the topic.

Make sure that the following are covered: who, what, when, where and why.

Step 2

Choose an eye-catching title. Make your opening paragraph strong and very interesting. This will engage your reader and make them eager to finish reading your article. Arabic readers are more attracted to stories relevant to their lives and experiences. Make sure that your stories relate to your reader. Compare the news report to a previous report that you think had an impact on your reader. Make your news report shorter and to the point. Some Arab readers tend to lose interest quickly. Short news reports would encourage them to finish reading the whole article.

Step 3

Adopt a simple style. Make sure that your selection of lexis is accurate and within your readers' reach. Avoid using jargon and employ terms that can have an impact on your reader. Remember that Arab readers are emotional readers and the selection of emotional lexis might make the reader sympathise with the story.

Step 4

Give relevant detail to the story. Make sure that your details complement your main heading or sub-heading.

Step 5

Make sure that your sentences are well structured. Arabic grammar is pivotal to producing a coherent and cohesive report. Avoid long sentences; employ short concise sentences.

Step 6

Consider yourself the reader and check the following:

- What is the news report about?

- Have you provided enough information to answer your readers' questions?

- Is your Arabic language clear and your style effective?

- Is your selection of lexis accurate and does it serve the meaning you want to convey?

Text 1   النص الأول

Al-Jazeera.net 08/04/08

انتخابات المحليات في مصر اليوم وسط دعوات للمقاطعة

يتوجه الناخبون المصريون اليوم إلى صناديق الاقتراع لاختيار أعضاء المجالس المحلية في انتخابات خيمت عليها دعوات قوى سياسية للمقاطعة واحتجاجات على ارتفاع الأسعار بمناطق متفرقة.

ويختار الناخبون الذي يبلغ عددهم نحو 35 مليونا حوالي 52 ألف مرشح من بين نحو 70 ألفا، بينهم 55 ألف مرشح ينتمون للحزب الوطني الحاكم.

واشار مراسل الجزيرة في القاهرة محمد البلك إلى وجود امني مكثف يحيط باللجان الانتخابية، ووصف الاوضاع في القاهرة بأنها هادئة.

وقد دعت جماعة الإخوان المسلمين إلى مقاطعة الانتخابات احتجاجا على استبعاد الآلاف من مرشحيها ورفض الحكومة تنفيذ أحكام قضائية بإعادتهم لجداول المرشحين.

وأعلنت الجماعة أن أعضاء فيها حصلوا على أكثر من 3000 حكم قضائي تقر بحقهم في خوض الانتخابات وحصلوا على ما يقارب 900 حكم قضائي بوقف إجراء الانتخابات لرفض الحكومة تنفيذ الأحكام.

وقال حسين محمد إبراهيم نائب رئيس كتلة الإخوان في مجلس الشعب لرويترز إن هناك أحكاما قضائية تبطل دعوة رئيس الجمهورية للانتخابات في أكثر من نصف الدوائر. ووصف نائب الإخوان الانتخابات بأنها مزوّرة سلفا.

من جهته اعتبر عضو مجلس الشعب عن الإخوان محمد البلتاجي في مؤتمر صحفي أن المشاركة فيما سماها المسرحية الهزلية سيعطيها شرعية.

كانت منظمات دولية لحقوق الإنسان والإدارة الأميركية أيضا قد انتقدت الطريقة التي أدارت بها الحكومة المصرية الترشيح للانتخابات. وفي هذا الصدد قالت منظمة هيومان رايتس ووتش الشهر الماضي إن احتجاز مئات من أعضاء الإخوان يعد "محاولة مخزية" للتأثير على نتيجة الانتخابات.

وقال مدير منظمة مراقبة حقوق الإنسان للشرق الأوسط جو ستورك في بيان الشهر الماضي "يعتقد الرئيس حسني مبارك فيما يبدو أن نتيجة الانتخابات لا يمكن تركها للناخبين". كما قال البيت الأبيض على لسان المتحدثة دانا بيرينو "يجب السماح لشعب مصر بأن يختار بحرية من بين مرشحين متنافسين".

يشار في هذا الصدد إلى أن المجالس المحلية اكتسبت أهميتها مؤخرا إثر تعديل دستوري عام 2005، بات من خلاله ضروريا حصول أي مرشح لرئاسة الجمهورية على تزكية من 65 عضوا منتخبا في مجلس الشعب و25 عضوا في مجلس الشورى و140 عضوا في المجالس المحلية للمحافظات.

يذكر أيضا أن الانتخابات تأتي بعد يومين من إضراب عام دعت إليه قوى سياسية احتجاجا على ارتفاع الأسعار، فيما يتواصل التوتر بمحافظات ومدن مختلفة على رأسها مدينة المحلة الكبرى بشمال القاهرة على خلفية الاحتجاجات.

Al-Jazeera.net 08/04/08

أ	إقرأوا النص أعلاه واستخرجوا الأفكار الأساسية في النص	*A*
	Find the main ideas in the above text.	

1 ....

2 ....

3 ....

4 ....

ب	اقرأوا النص أعلاه وأجيبوا عن الأسئلة التالية	B

Answer the following questions from the above text.

1 لماذا يتوجه الناخبون المصريّون إلى صناديق الإقتراع؟ ....

2 من دعا إلى مقاطعة الإنتخابات؟ ولماذا؟ ....

3 ما هو تصريح مدير منظمة مراقبة حقوق الإنسان؟ ....

ج	شطبوا على العبارات والجمل الزائدة في النص أعلاه	C

Cross out the phrases and sentences which are repeated in the above text.

د	ضعوا ما يلي في جمل مفيدة	D

Use the following in complete sentences.

1 أدلى بتصريحات... ....

2 صرّح ....

3 صدر ردّ رسمي... ....

4 أصرّ على . ...

5 أضاف قائلا... ....

6 أوضح ... .

7 أكد ... .

8 شكك ... .

9 تساءل عن... ....

10 وبشأن ....قال... ....

11 وفيما يتعلق بـ ....فقد أدلى بـ ... .

12 عبّر عن ... .

13 أعرب عن ... .

14 أفاد ... .

15 أصدر ... .

16 أعلن ... .

17 عقد ... .

18 ركز على ....

19 أشار إلى ....

20 خلص إلى..

E	أعطوا ما يناسب مايلي باللغة الإنجليزية	ه

Give the equivalent in English for the following.

1 تزامنت تصريحات = ...

2 نقلت رويترز عن = ...

3 وجاءت التصريحات في وقت = ...

4 وعلى صعيد آخر= ....

5 وفي وقت لاحق = ...

F	ضعوا مايلي في جمل مفيدة	و

Use the following in meaningful sentences.

1 صناديق الإقتراع

....

2 حملة انتخابية مكثفة

....

3 مراقبوا الإنتخابات

....

4 الأحزاب المتنافسة

....

5 شعارات انتخابية

....

6 برامج الأحزاب

....

Text 2   النص 2

BBC Arabic online 08/04/08

المالكي يهدد بحظر التيار الصدري

قال رئيس الوزراء العراقي نوري المالكي إن التيار الصدري لن يسمح له بالمشاركة في العملية السياسية في البلاد ما لم يتخذ الخطوات الكفيلة بحل جناحه المسلح جيش المهدي.

وقال المالكي في تصريحات نقلتها عنه شبكة سي ان ان الامريكية: "لقد اتخذنا قرارا بأن التيار الصدري لن يحق له المشاركة في العملية السياسية وفي التنافس في الانتخابات المحلية القادمة ما لم يحل جيش المهدي."

وتزامنت تصريحات المالكي مع اعلان الجيش الأمريكي إن ثلاثة من جنوده لقوا حتفهم وأصيب 31 آخرون بجروح في هجمات صاروخية على المنطقة الخضراء وقاعدة في مكان آخر في العاصمة العراقية.

وقد اسفر الهجوم على المنطقة الخضراء، حيث توجد المكاتب الحكومية والسفارات الأجنبية، عن مقتل جنديين وإصابة 17 آخرين على الأقل.

وقال الشيخ صلاح العبيدي الناطق باسم التيار الصدري ردا على تصريحات رئيس الوزراء إن اية محاولة لمنع التيار من المساهمة في الحياة السياسية تعتبر غير دستورية، كما ان الحكومة ليست مخولة بحل جيش المهدي بل ان ذلك قرار مرهون بالجهة التي شكلت الجيش.

وفي وقت لاحق، نقلت وكالة رويترز عن احد كبار مساعدي الزعيم الديني مقتدى الصدر قوله إنه (اي الصدر) مستعد لحل جيش المهدي اذا امره بذلك المراجع الشيعة الكبار بمن فيهم آية الله السيستاني.

ونقلت رويترز عن حسن الزركاني قوله إن الصدر قد طلب من ممثليه في مدينتي النجف وقم الايرانية باستفتاء كبار علماء الشيعة في المدينتين حول ما اذا كان عليه حل جيش المهدي.

وقال الزركاني الذي كان يتحدث من ايران: "اذا امر المراجع بحل جيش المهدي، لن يكون امام الصدر والتيار الصدري الا الانصياع."

ومضى الزركاني الى القول: "لقد امر مقتدى الصدر مكاتبه في النجف وقم الايرانية بتشكيل وفود لزيارة السيستاني وغيره من المراجع لبحث مسألة حل جيش المهدي."

وفي هجوم آخر على قاعدة بضاحية الرستمية في بغداد لقي جندي أمريكي حتفه وأصيب 14 آخرون بجروح.

وجاءت الهجمات الصاروخية بعد اشتباكات بين القوات الأمريكية والعراقية من جانب وميليشيا جيش المهدي من جانب آخر في مدينة الصدر.

وقالت مصادر أمنية وطبية إن الاشتباكات خلفت 22 قتيلا و عشرات الجرحى .

وأفاد مراسل بي بي سي في بغداد نقلا عن شهود عيان من داخل مدينة الصدر أن القوات الأمريكية استخدمت الدبابات والأسلحة الثقيلة في اشتباكاتها مع المسلحين.

وتحدث شهود عيان من داخل مدينة الصدر عن سقوط قتلى ومصابين جراء عمليات القنص التي يقوم بها قناصون أمريكيّون منتشرون على أسطح بعض البنايات في المدينة.

وتأتي اشتباكات مدينة الصدر بعد يوم واحد من تخفيف الحكومة العراقية إجراءاتها الأمنية التي فرضتها في هذه المدينة وحي الشعلة اللذين يشكلان أهم معاقل جيش المهدي.

ورغم دعوات الزعيم الشيعي مقتدى الصدر لمقاتلي جيش المهدي بالتوقف عن القتال، فإن الوضع لا يزال متوترا، كما لا تزال عدة شوارع خالية من المارة.

وقد أغلقت المحلات والمخابز أبوابها عقب الاشتباكات المتفرقة التي شهدتها مدينة الصدر.

وسُمح للشاحنات التي تحمل فرق الصيانة والأغذية والمنتجات الزيتية بدخول مدينة الصدر.

وكذلك سمح لسيارات الإسعاف بالوصول إلى المنطقة التي يسكنها نحو 2.5 مليون شخص.

وعانى سكان المنطقة نتيجة حظر استخدام العربات الذي لا يزال ساري المفعول رغم رفع حظر التجول في مناطق أخرى من بغداد.

BBC Arabic online 08/04/08

A	أ لخصوا باللغة الإنجليزية المقال الإخباري أعلاه

Provide a summary in English for the above news report.

....

....

....

....

....

....

....

....

....

....

....

B	ب حدّدوا أهم الأفكار الأساسية للنص أعلاه
Specify the main topics in the above text.	

1 ……………………………………………………………………………………

2 ……………………………………………………………………………………

3 ……………………………………………………………………………………

4 ……………………………………………………………………………………

C	ج استخرجوا من النص ما يناسب مايلي
Find the equivalent of the following in the above text.	

1 ….. will not participate in the political process

……………………………………………………………………………………

2 competing in the forthcoming elections

……………………………………………………………………………………

3 clashes between American and Iraqi forces

……………………………………………………………………………………

4 medical and security sources are reported to have said that clashes left 22 dead.

……………………………………………………………………………………

Text 3 النص الثالث

BBC Arabic online. 09/05/06

الدبلوماسية هي الخيار الأول مع إيران

قال الرئيس الأمريكي جورج بوش إن الدبلوماسية تظل أفضل الخيارات لدى إدارته، لمعالجة النزاع مع إيران بشأن أنشطتها النووية. وقال بوش في هذا الخصوص :" الدبلوماسية هي الخيار الاول، واعتقد اننا سنتمكن من حل تلك المشكلة بالدبلوماسية ".

ومن جهة اخرى، نسب الى البيت الابيض قوله إن الرئيس الامريكي لن يردّ كتابة على الرسالة المفاجئة التي بعثها له الرئيس الايراني محمود أحمدي نجاد. وقد تسربت بعض تفاصيل هذه الرسالة المفاجئة، التي تضمنت إنتقادات لغزو العراق. وقد قللت وزيرة الخارجية الأمريكية كوندوليزا رايس من أهمية الرسالة، وقالت إنها لا تحتوي على جديد. وقد وجهت الرسالة في الوقت الذي يجتمع فيه وزراء خارجية الدول في نيويورك لإجراء محادثات حول الأزمة النووية الإيرانية.

ولكن بعد ثلاث ساعات من المحادثات، لم يتمكن الوزراء من الاتفاق على موقف موحد حول كيفية التعامل مع المشكلة المتعلقة بالبرنامج الذري لطهران. غير أن الوزراء اتفقوا على أن يجتمع مسؤولون من بريطانيا وفرنسا وألمانيا لبحث الخطوة المقبلة، وكذلك لإعداد حزمة مساعدات اقتصادية إذا وافقت على وقف برنامجها النووي، أو التهديد بعقوبات دولية إذا لم توافق على ذلك.

وقد أثار الخطاب - الذي يعتقد أنه الأول الذي يوجّهه رئيس إيراني إلى زعيم أمريكي منذ الثورة الإسلامية لإيران عام 1979 - اهتماما كبيرا، حيث جاء في وقت تتوتّر فيه العلاقات بشكل خاص بين واشنطن وطهران. ولم يتم الكشف عن محتويات الرسالة البالغة المكونة من 18 صفحة بالكامل بعد، ولكن وفق بعض مما تسرب منها، فقد تحدث أحمدي نجاد عن غزو العراق، وعما وصفه بعملية تغطية أمريكية لهجمات الحادي عشر من سبتمبر/أيلول 2001، وعن حق إسرائيل في الوجود، ودور الدين في العالم.

ونقلت وكالة رويترز للأنباء من الرسالة القول "تحت ذريعة وجود أسلحة دمار شامل وقعت هذه الطامة الكبرى (الغزو الأمريكي للعراق) حتى حاقت بشعبي البلد المحتل وبلد الاحتلال". وتابعت قائلة "تم اللجوء إلى أكاذيب فيما يتعلق بالشأن العراقي، فماذا كانت النتيجة؟ لا شك لدي أن أي ثقافة تمقت الكذب، ولا أحد يحب أن يكذب عليه".

كما شكك الرئيس الإيراني في إقامة دولة إسرائيل، حيث تساءل "كيف يمكن عقلنة أو شرح تلك الظاهرة؟". وفيما يبدو أنه إشارة للبرنامج النووي لإيران، نقلت وكالة أسوشييتدبرس للأنباء عن أحمدي نجاد قوله "لماذا يتم ترجمة أي إنجاز تكنولوجي أو علمي في الشرق الأوسط على أنه "تهديد للكيان الصهيوني (إسرائيل)؟ أليس البحث والتطوير العلمي حقا من الحقوق الأساسية للأمم؟".

وفي جزء آخر من الرسالة، تقول رويترز إن أحمدي نجاد ألمح إلى اعتقاده أن واشنطن أخفت جوانب من الحقيقة فيما يتعلق بهجمات الحادي عشر من أيلول/سبتمبر على نيويورك وواشنطن.

وتساءل أحمدي نجاد قائلا "لماذا تمّ إبقاء الجوانب العديدة المتعلقة بالهجمات طي الكتمان؟ لماذا لم نبلغ بمن أهمل مسؤولياته؟". وينهي الرئيس خطابه بمناشدة بوش بالعودة إلى الدين، فيقول "نرى بشكل متزايد أن الناس في العالم أجمع يتوجهون إلى الله تعالى، فهلا انضممت إليهم؟".

خلافات

وقد سارعت واشنطن بوصف الرسالة بأنها خدعة، حيث قالت إنها لا تسهم بجديد نحو حل الأزمة المتعلقة بالبرنامج النووي الإيراني.

BBC Arabic online. 09/05/06

استخرجوا وحدّدوا نوع أدوات الربط الموجودة في النص	ا	A

Find and specify the type of connectors in the above text.

....
....
....
....
....
....
....

✔ | B | ب ضعوا علامة (✓) أمام الصواب و (X) أمام الجواب الخطأ

Tick (✔) the correct statements and put a cross (X) next to the incorrect ones.

1 صرّح الرئيس الأمريكي بأن الخيار العسكري هو أفضل الخيارات ☐

2 سيردّ الرئيس الأمريكي على رسالة نظيره الإيراني قريبا ☐

3 اجتمع وزراء خارجية الدول العربية لمناقشة رسالة الرئيس الايراني ☐

4 أخفق وزراء خارجية الدول للوصول إلى اتفاق بشأن البرنامج النووي الايراني ☐

5 سيجتمع كل وزراء الدول لدراسة الخطوة المقبلة ☐

6 رسالة الرئيس الايراني تعدّ الأولى في تاريخ العلاقات الأمريكية/الإيرانية ☐

7 تتضمن الرسالة مواضيع تخص الشأن الأمريكي الداخلي فقط ☐

8 اعتبر البيت الأبيض الرسالة خدعة ☐

استخرجوا الأفكار الأساسية من النص أعلاه	ج	C

Briefly summarise the main topics from the above text.

....
....
....
....
....
....

D	أعيدوا صياغة ما يلي بأسلوبكم العربي الخاص	د

✓ *Paraphrase the following in Arabic.*

1 الدبلوماسية هي الخيار الأول ، واعتقد أننا سنتمكن من حل تلك المشكلة بالدبلوماسية

....

2 لم يتم الكشف عن محتويات الرسالة المكوّنة من 18 صفحة

....

3 لم يتمكن الوزراء من الإتفاق على موقف موحد فيما يتعلق بكيفية التعامل مع المشكلة

....

4 ناشد الرئيس الإيراني نظيره الأمريكي العودة إلى الدين

....

4.5 Writing an essay in Arabic — 4.5 كيفية كتابة إنشاء/ مقال أدبي

Before addressing how to write essays and articles, you should consider punctuation in writing Arabic essays and articles. Inaccurate use of punctuation can affect the flow of your argument.

Punctuation — علامات الترقيم

Comma (,)

1- علامة الترقيم :الفاصلة (،)
توضع الفاصلة بين أجزاء الجمل و بعد لفظ المنادى
أ- بين الجمل المعطوفة على بعضها البعض :
.... للمسجد النبوي في عهد الرسول – صلى الله عليه وسلم- ، صحن سوره من اللبن ، وأساسه من الحجارة ، ولم يكن لرحبته سقف ..
ومن استخدماتها المعروفة :
ب- استخدام الفاصلة بين المفردات المعطوفة ببعضها البعض:
المدن المغربية المشهورة ، هي : الرباط ، الدار البيضاء ، مراكش ، طنجة ، و أغادير.
د- بعد حرف الجواب في أول الجملة : (نعم، لا ، بلى ، كلا)
مثال:
....نعم ، لقد إلتقيت به بالأمس .
هـ- بعد المنادى :
....يا سعيد ، لا تتأخر عن الموعد المحدد.

Semicolon (;)

2- علامة الترقيم :الفاصلة تحتها نقطة (؛)

تأتي بين جملتين إحداهما سبب حدوث الأخرى
المثال : **إذا إتصلت به ؛ فاخبرني عن حاله.**

3- علامة الترقيم : النقطة (.) **Full stop (.)**
توضع في نهاية الجملة أو الفقرة أو المعنى
المثال : **العمل الدؤوب أساس النجاح.**

4- علامة الترقيم : النقطتان (:) **Colon (:)**
توضع قبل القول المنقول أو ما في معناه
المثال : **وردّا على قولها قال بوش: "............ ...."**

5- علامة الترقيم : علامة الحذف (...) **Ellipsis (...)**
توضع للدلالة على كلام محذوف من النص
المثال : **صرخت باكية ... ثم غادرت المكان نحو الجموع المحتشدة**

6- علامة الترقيم :علامة الاستفهام (؟) **Question mark (?)**
بعد صيغة السؤال أو الاستفهام
المثال : **ماذا ستفعل هذا المساء؟**

7- علامة الترقيم : علامة التعجب (!) **Exclamation mark (!)**
توضع بعد كلمة أو جملة أو معنى متعجب منه
المثال :ما أروع الطبيعة وأهلها!
توضع بعد مواقف الانفعال المؤثرة ؛ ومنها : الرهبة ، والدهشة ، والرغبة ، والمدح ، والذم ..مثال :
- **يا ليتنا نملك ما يملك جارنا !**
- **حبذا الشجاع! وبئس الجبان!**

8- علامة الاقتباس ("") **Double quotation mark ("")**
تستخدم علامة الاقتباس في المواضع الآتية :
أ- عند اقتباس كلام الأخر بالحرف و تستعمل للتمييز بين كلام الكاتب وغيره

.....اعترف العلماء والفلاسفة والمؤرخون في العالم بفضل حضارة العرب ، ويقول جوستاف لوبون :
" كانت كتب العرب المرجع الوحيد لعلوم الطبيعة والكيمياء والفلك في أوربا مدة تزيد على خمسة قرون "
ب- تستخدم عند ذكر عناوين كتب أو مقالات أو أبحاث :

مثال : **قرأت كتاب "ألف ليلة وليلة" ووجدته ممتعا جدّا**

ج- تستخدم عند الحديث عن لفظة ومناقشة معانيها واستخدامها، وليس في سياق الكلمة:
مثال :
الإسم الذي يتبع "إنّ" يكون دائما منصوبا

Hyphen (-) — **9- علامة الترقيم : الشرطة المعترضة (-)**

توضع قبل وبعد الجملة الاعتراضية لتبين كلاما إضافيا

المثال : إني – وبكل حزن عميق – أعبرعن تعازي الحارة لكم ولأسرتكم الكريمة.

Square brackets [ ] — **10- علامة الترقيم : القوسان الحاصرتان [ ]**

يوضع بينهما كلام ليس من النص أصلاً، أو زائد عليه.

المثال :فشل الرئيس الأمريكي [جورج بوش] في إقناع العالم بشنّ حرب على العراق.

Round brackets ( ) — **11- علامة الترقيم : القوسان ( )**

يوضع بينهما أرقام أو مرجع داخل النص

المثال : **احتلت أمريكا العراق عام (2003).**

12- علامة الإستفهام التعجبي ؟!

تأتي علامة التعجب مع الإستفهام إذا كان السؤال يشتمل على معنى يفيد التعجب و الدهشة:

كيف كتبت هذا الكتاب الجديد؟!

Writing an essay or article — كتابة مقال

Writing an essay in Arabic can be at times a difficult task for both native speakers and learners of Arabic as a foreign language. Below are a few guidelines on how to write an essay in Arabic.

Getting started on your essay

The first thing you need to think about before embarking on your writing is to decide on a topic. What do you want to write about, how are you going to write it and who is your reader? Answering these questions will help you put the basic foundation of your essay in place. Following this, you need to put together a plan/outline for your essay.

Planning your essay

Start brainstorming and think about:

- The main topic for your essay
- Secondary ideas that would support your main idea
- Your line of argument

Building a framework for your essay

Building a framework for your essay means establishing an outline for your essay by writing down the main topic and the way it would be elaborated. Here you should introduce the sub-topics/sub-ideas that would support your main topic.

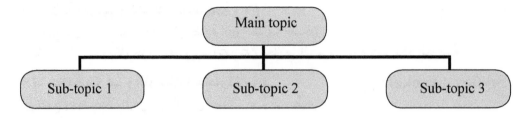

Writing a draft of your essay

Try to follow the outline of your essay in your draft. This will help you organise your thoughts and arguments. Bear in mind:

- Introductory paragraph of your essay: this should be designed to attract your reader's attention.

- Essay body: your sub-topics contribute to the expansion of the argument of your essay. Make sure that each paragraph in the essay body is linked to the main idea in your introductory paragraph. While putting forward your ideas, do not forget to cement your argument with examples, facts and statistics.

- Remember that your arguments should convince your reader.

- Make sure that your essay is cohesive, with paragraphs and sentences that are connected to each other. Non-cohesive sentences and paragraphs might affect the effectiveness of your style.

- Conclusion: this should serve as a reminder of the main ideas you have discussed in the bulk of your essay. Do not forget to leave your reader with something to think about.

Reviewing and revising your writing

Leave your draft for a while and then go back to it. Check the structure of your essay; the way ideas are structured and linked to each other. Are there any things you wish to add or omit from the body of your essay?

Do not hesitate to make new changes to your draft.

Proofreading your essay

It is recommended that an expert in the subject or a native speaker of the language read your essay. Different pairs of eyes can spot things that are invisible to you. Proofreading would include looking at details of punctuation and grammar in your writing.

Small errors of punctuation and grammar can at times spoil the reader's enjoyment.

You might find it useful to consult this website:

http://howtowriteanessay.com/index.html

Structure of the article

هيكل المقال

يتكون المقال من ثلاثة أجزاء هي:

المقدمة:
- تمهيد
- أفكار عامة
- هدف الموضوع
- أهمية الموضوع

الموضوع:
- الشرح الوافي
- الأمثلة والتحليل
- تقسيم الموضوع
- التفسيرات والآراء
- أدلة الموضوع

الخاتمة: النتائج والخلاصة

Sample 1

نموذج 1

... وتأجل الشأن العربي سنة أخرى!

لا أحد خرج سعيداً من القمة، ولا أحد خرج تعيساً، لا من الذين حضروا بأشخاصهم أو ممن أنابوا موظفيهم، أو من بين الذين ناموا عشية الانعقاد يحلمون بفشلها أو الذين عاشوا أياماً عديدة في وهم نجاحها. حتى السيدة كوندي والسيد تشيني لم يكونا من السعداء، فالسوريون لم ينعزلوا ومقاطعة القمة التي راهنا عليها، وربما سعيا إليها، لم تكن على المستوى المطلوب. الأكثرية خرجت من القمة كما دخلت، فقد علمتها تجارب القمم السابقة دروساً رسخت ولم يطرأ جديد في العالم العربي أو العالم الخارجي يمكن أن يبدل هذه الدروس أو يفقدها قيمتها. علمتها التجارب وعلمتنا:

أولاً: أن الحكام العرب راسخون عندما يتعلق الأمر بمصالحهم. لا شيء في الداخل، حتى أقوى ما في تراث شعوبهم وانفعالاتهم، ولا شيء في الخارج، حتى تحالفاتهم مع أقوى دول الأرض، قادران على إقناعهم بتغيير أساليب الحكم أو تعديل سياسات تعودوا عليها أو استقرت عليها طبقاتهم الحاكمة لفترة طالت أم قصرت. هكذا فتر الإصلاح بعد فترة قصيرة للغاية صعدت فيها آمال جماهير العرب وتطلعاتهم واطمأنت حكومات الغرب إلى نيات حكومات المنطقة.

ثانياً: على عكس ما يظن الكثيرون في العالم العربي وخارجه، لم يحدث أن كانت النية خالصة وراء قرار مقاطعة دولة عضو في الجامعة أو عزلها أو فرض العقوبات عليها. ففي كل مرة اتخذت القمة أو مجلس الجامعة قراراً بالمقاطعة أو العزل تعمدت الدول أن تبقي مع الدولة المحكوم عليها بالحصار أبواباً مفتوحة للاتصال وامتنعت عن الالتزام بحرفية القرار الجماعي. حدث هذا عندما تعرضت حكومة الأردن للعقاب بعد أن ضم الملك عبدالله أراضي فلسطينية إلى شرق الأردن، وحدث عندما غضب بعض العرب من الرئيس بورقيبة بسبب ما عرف وقتها بتصريحات أريحا، وحدث عندما غضبت الأكثرية من الرئيس السادات بسبب زيارته لإسرائيل وتوقيعه اتفاق الصلح في كمب ديفيد. بل إنه في أشد الحالات، كما حدث مع العراق في أعقاب غزو الكويت، لم يدم طويلاً التزام الجامعة العربية بعزل العراق على رغم أن المقاطعة كانت بقرار دولي وإرادة عليا من جانب الدولة الأعظم.

ثالثاً: يستاء البعض منا، أي من المراقبين والمتابعين للرأي العام العربي، حين يستمع لأول مرة إلى انتقادات صارخة أو ساخرة يوجهها أحد أعضاء القمة إلى القمة في مجموعها وفي أثناء انعقادها بمن حضر ومن غاب. ما لا يعرفه الكثيرون من المواطنين العرب أن هذا السلوك أمر عادي في سلوكيات مؤسسات العمل العربي المشترك على مستوياتها كافة. وربما كان أحد السلوكيات التي تنفرد بها القمة العربية تحديداً ولا تشاركها فيها قمة إقليمية أو دولية أخرى. يبدو لي أن القادة العرب ربما صاروا يستحسنون هذا النوع من النقد الذاتي أو الانتقاد الساخر للتسلية بعد ساعات من الملل أو استعداداً لساعات أطول من الضيق والتبرم. نعرف الآن بعد حوالي عشر قمم استثنائية وعشرين قمة عادية أن جلد الذات عادة قمم كما هي عادة شعوب ونخب. ما أشدها وقعاً عبارة تكررت في القمم كافة على ألسنة قادة عرب تبدأ بالكلمات التالية، «إخواننا العرب مسؤولون عن كذا وكذا».... أو «إخواننا العرب لم ينفذوا ما اتفقوا عليه»، والمنطقي أن يسأل الحاضرون جميعاً أنفسهم هل يوجد نوعان من العرب في العالم العربي، عرب للتقصير وعرب للالتزام، أو يوجد عرب عرب وعرب أقل «عرب» وعرب «غير عرب».

رابعاً: خرجت من قراءة مستفيضة لتاريخ القمم بقاعدة بسيطة ومركبة في ان واحد، هي أن القمة العربية مؤسسة عربية كاشفة لاجتماع نقيضين بارزين في السلوك السياسي العربي. فالسياسات العربية الجماعية تعبّر من خلال هذه القمم عن حال مثلى من الثقة بالنفس وبخاصة حين تتكلم القمة وتصدر بيانات وقرارات تندد فيها بأعمال إسرائيل العدوانية أو يأتي ذكر نيات إيران التوسعية. هنا لا يظهر أي شعور بالقلق أو الخوف من الغزو الإسرائيلي أو خطر التوسع الإيراني، ربما اطمئناناً إلى العنصر الخارجي الذي يضمن عدم وقوع هذا الخطر أو ذاك. في الوقت نفسه يظهر واضحاً، من فحوى البيانات والقرارات، أن القمة غير مطمئنة على الإطلاق إلى ردود فعل شعوبها تجاه الطرفين، احتمال توسع إسرائيلي واحتمال زيادة في النفوذ الإيراني. هنا لا تنفع الأحلاف الأجنبية والتطمينات الدولية، وهنا تتعاظم الفجوة بين الثقة الزائدة في الحماية الأجنبية والثقة المنقوصة في رد فعل الشعوب، أو على الأقل ردود فعل تيارات المعارضة والمقاومة، ورؤيتها الخاصة لنيات الآخرين.

خامساً: في مرحلة أو أخرى من مراحل تطور النظام الإقليمي العربي وجدت تراتيب مختلفة لمراكز القوة الإقليمية. وقد لا يتسع المجال هنا لمقارنة مراحل بعضها ببعض، ولكن يكفي أن نشير إلى أن المرحلة الراهنة تشهد، وربما للمرة الأولى في تاريخ النظام العربي، انفلاتاً في «الترتيبات» التقليدية لهيكل القوة في النظام. لن تكون قمتنا العربية أول أو آخر مؤسسة قمة تعقد في غياب «مجموعة قيادة» أو في غياب إرشادات من «دولة قائد»، فالقمة الأطلسية التي عقدت في بوخارست قبل أيام بدت لبعض المراقبين مفتقرة، وللمرة الأولى في تاريخ انعقادها، إلى «قيادة توجيه» واضحة ومؤثرة. كذلك الحال بالنسبة للقمم الإفريقية التي انعقدت في السنوات الأخيرة، فعلى رغم جهود غير مثمرة وغير ناضجة وغير مستندة إلى أساس واضح من الإمكانات والعقائد، لم تفلح ليبيا في أن تشكل قيادة لإفريقيا أو تصنع هيكل قيادة يضمها إلى غيرها. تبعثرت قيادة التوجيه في النظام الإفريقي ويحذو حذوه النظام العربي على عكس النظام الإقليمي لأميركا اللاتينية الذي يشهد في السنوات الأخيرة إعادة هيكلة تقوم بها «جماعة توجيه» من دول معينة في القارة الجنوبية صاعدة في الإرادة والثروة ونية التغيير والدور الدولي.

عقدت القمة العشرون. لم يخرج طرف عربي منها أقوى مما دخل ولا أضعف. لم تفرّط القمة ولم تنفرط. لم تكن قمة «اعتدال» ولا كانت قمة «تطرف وتهور» ، لم تحرك القمة الجمود في لبنان ولم تتأثر به. خرجت إيران أقوى اعتقاداً بأن العرب لا يقدّرون خطورة «الفراغ الاستراتيجي» الذي يتمدد في نظامهم الإقليمي، وخرجت إسرائيل أشد إصراراً على استكمال مسيرة تهويد فلسطين، وخرج العرب بمؤسسة القمة من دون خدوش غائرة.

جميل مطر الحياة - 08/04/07/

أ	إقرأوا النص أعلاه واستخرجوا الأفكار العامة. ماذا تلاحظون عن سياق حدوثهم؟	A

What are the main ideas of the above text? What do you notice about where they occur?

.... **1**

.... **2**

.... **3**

.... **4**

.... **5**

ب	إقرأوا النص أعلاه واستخرجوا العبارات التي تدل على المقدمة والخاتمة	B

Find the main expressions for the introduction and conclusion in the above text.

المقدمة:

....

....

....

....

الخاتمة:

....

....

....

....

C	استخرجوا الروابط التي تمّ استخدامها في النص وحدّدوا نوعها	ج
What type of connectors are used in the text?		

نوعها	الروابط

D	إقرأوا النص واعطوا مرادفات ما تحته خط	د
Give synonyms for the underlined words and phrases in the text.		

E	لخصوا النص أعلاه مستخدمين العبارات في أ 4.2	ه
Summarise the above text using the phrases in section 4.2.A.		

....

....

....

....

....

....

....

....

F	علقوا على أسلوب الكاتب في النص أعلاه	و
Comment on the style used in the above text.		

Sample 2

نموذج 2

الواجب المنزلي بين التأييد والمعارضة

- واجب .. مريح!
- سياسة المدرسة نحو الواجب
- الأسرة و الواجب المنزلي!
- الواجب مؤذٍ
- دعهم يلعبوا
- مهم للوالدين!
- في حاجة لوقت إضافي:
- متعب لي ولزوجتي!

<u>نموذج كتابي:</u>

الواجب المنزلي بين التأييد والمعارضة

يمثل الواجب المنزلي كابوساً مزعجاً لكل طفل، خصوصاً إذا تذكر أنه لم يحل واجبه في الوقت الذي يحين فيه عرض برنامجه التليفزيوني المفضل عند ذلك يسرع إلى أداء واجبه على عجل لعله يلحق ببعض من متعة المشاهدة المفقودة، وتكون النتيجة عند ذلك انخفاض واضح في معدل التركيز والتحصيل.
لكن أليس هناك حل لهذه القضية المؤلمة؟ . (لويز روبنسون) التي تعمل في مجال التصميم تقدم لنا خطة إرشادية مكونة من خمس خطوات لأداء الواجب المنزلي، خصوصاً وأنها اتبعتها حينما كانت طالبة وساعدتها كثيراً في الحصول على فرصة حقيقية لمواصلة تعليمها.

مهم للوالدين!

إذا أردت أداء واجبك المنزلي بشكل مريح فعليك اتباع الخطة التالية:

1   تجنب الشعور بالضجر والملل ، وأن تحرص على أخذ فسحة من الراحة أثناء أداء الواجب المنزلي فهو يساعدك على التركيز والانتباه.

2   تأكد من أن تأخذ إلى جوارك مشروباً أو مأكولاً خفيفاً يغنيك عن الذهاب من حين لآخر إلى المطبخ مما يفقدك متابعة عملك ويقطع عليك حبل أفكارك.

3   لا تخش طلب المساعدة من والديك ، إذ لا يعد هذا الأمر غشاً بالضرورة ، لأنه لو كان بوسعهما أن يشرحا مسألة لك ، فسيغنيك هذا عن ضياع الوقت والجلوس دون طائل إلا قضم أظفارك.

4   لا تخش من سؤال مدرسك أو معلمك لتستفسر منه عما يُشكل عليك في حل واجبك، لأن أسوأ شيء في الدنيا ، أن تعود إلى منزلك وتكتشف أنك لم تفهم المهام المطلوبة منك ، عند ذلك لن تجد تعاطفاً يُذكر من مُعلمك حينما يحين موعد تسليم واجبك في اليوم التالي.

5 تجنب تأجيل أداء واجبك ، وحاول أن تشرع في حله فور أن تُكلف به ، فقد يستغرق حله نحو ساعة أو يزيد قليلاً ، ولكنك ما إن تنتهي ستجد أن باقي ساعات اليوم ملك يديك وأن بوسعك أن تهدأ وتستمتع بمزيد من الراحة.

سياسة المدرسة نحو الواجب

ورداً على سؤال: هل تلتزم المدرسة بسياسة معيّنة بشأن الواجب المنزلي؟ أشار أكثر من النصف (56%) إلى تبني منطقتهم التعليمية لسياسة محددة في فرض الواجب المنزلي، بينما أجاب (39%) بالنفي و (5%) بعدم التأكد ورأى (80%) من الذين تم استطلاع آرائهم أن على المناطق التعليمية أن يكون لها سياسة بخصوص الواجب المنزلي، وخالفهم الرأي (12%)، وقال (8%) انهم غير متأكدين من الإجابة.

الأسرة و الواجب المنزلي!

وانقسم الأفراد المستطلع رأيهم حول التساؤل الخاص بوجوب أن يقوم الوالدان أو أفراد الأسرة بمساعدة الطلاب في حل واجبهم المنزلي، حيث أجاب (43%) تقريباً بـ (لا) بينما أجاب (39%) بـ (نعم) ولم يحدد (18%) موقفهم لعدم تأكدهم من الإجابة.

الواجب مؤذٍ!

إحدى السيدات تقول: يعمل الأطفال بمنتهى الجد طوال اليوم الدراسي في منطقتنا، ولذلك اعتبر تكليفهم بأداء كثير من الواجبات المنزلية عملاً ضاراً ومؤذياً، فالأطفال في حاجة لأن يشعروا بطفولتهم من خلال إتاحة الفرصة أمامهم لممارسة ألعابهم. والواقع أننا لا نلتزم سياسة محددة في هذا المضمار، وقد يكون من الأفضل لو يقوم المدرسون على الأقل بإنعاش الحوار بين مستويات الصف الواحد بحيث إذا انتقل الطلاب مثلاً من الصف الثالث إلي الصف الرابع، لا يقعون في ورطة شديدة بسبب أطنان الواجبات المنزلية التي يُكلفون بها في الصف الرابع، ولم يسبق لهم أن ما رسوها من قبل.

دعهم يلعبوا!

لا اعتقد أن من واجب المدارس أن تكلف طلابها بأي واجبات منزلية على الإطلاق. علموا الطلاب في المدارس فقط، بعد ذلك اتركوهم يعودون لديارهم حيث يلعبون الكرة أو يقرأون كتاباً ما أو حتى يتسكعون مع أصدقائهم، يجب تقييد حرية المعلمين في العدوان على حياة الطلاب أو المساس بها من خلال فرض واجبات منزلية ضعيفة المستوى ومكررة ومملة، ومضيعة للوقت.

مهم للوالدين!

أحد الآباء يقول إن الواجب المنزلي أحد المظاهر الحيوية والمهمة لتعليم جميع الطلاب وذلك لأنه يعزز المهارات والمعلومات التي تشكل جزءاً من التعليم اليومي. علاوة على ذلك، يتيح الواجب المنزلي للآباء والمعلمين العمل معاً بأسلوب تعاوني فالآباء والأمهات يشجعون أبناءهم الطلاب على استكمال الدروس التي كلفهم بها المعلمون. ويسهم الواجب المنزلي أيضاً في اطلاع الوالدين على ما يتم تدريسه في المنهج الدراسي ولذلك أؤيد إعطاء الطلاب واجباً منزلياً من كل قلبي وذلك لإيماني المطلق بفائدته.

في حاجة لوقت إضافي:

السيد حسن يعمل مدرساً للّغات الأجنبية ويرى عن قناعة أن الواجب المنزلي شيء مهم وجوهري. ويقول : إذا أخذنا بعين الاعتبار أن الطلاب يقضون (50 دقيقة) يومياً (زمن الحصة الدراسية) في مواجهة المعلم، يصبح من الضروري أن يقضوا وقتاً أكبر كي يستوعبوا الدرس، وقد وجدت أيضاً أن الاهتمام المنزلي أمر جوهري للغاية حتى يفهم الطلاب بالضبط المهارات التي يتحصلون عليها، ويروا أيضاً تطبيقاً فورياً لواجبهم المنزلي في اليوم التالي في الفصل . ويميل جميع طلابي إلى أداء واجبهم كل ليلة بانتظام.

متعب لي ولزوجتي!

مدرس يشكو من الواجب فيقول: أعمل أنا وزوجتي كمعلمين. وعند عودتنا إلى منزلنا بعد يوم عمل شاق يكون آخر

ما نتمناه الشجار مع أطفالنا كي يحلّوا واجباتهم المنزلية. والواقع أن من الضروري جداً بالنسبة لنا هو الحصول على وقت مشترك نستطيع أن ننجز فيه شئون الأسرة ويستمتع كل منا بصحبة الآخر دون أن نضطر لإرهاق أنفسنا في جدل حول حل الواجبات المنزلية.

http://www.bab.com/articles/full_article.cfm?id=585

| أ | إقرأوا النص أعلاه واستخرجوا الأفكار الأساسية | A |

What are the main ideas in the above text?

.... **1**

.... **2**

.... **3**

.... **4**

| ب | أعيدوا كتابة العبارات والجمل التالية بأسلوبكم الخاص | B | ✓

Rewrite the following sentences using your own words.

1 يقول أحد الآباء إن الواجب المنزلي أحد المظاهر الحيوية والمهمة لتعليم جميع الطلاب وذلك لأنه يعزز المهارات والمعلومات التي تشكل جزءاً من التعليم اليومي

....

....

2 يمثل الواجب المنزلي كابوساً مزعجاً لكل طفل، خصوصاً إذا تذكر أنه لم يحل واجبه في الوقت الذي يحين فيه عرض برنامجه التلفزيوني المفضل

....

....

3 لا تخش طلب المساعدة من والديك ، إذ لا يعد هذا الأمر غشاً بالضرورة، لأنه لو كان بوسعهما أن يشرحا مسألة لك، فسيغنيك هذا عن ضياع الوقت والجلوس دون طائل إلا قضم أظفارك.

....

....

4 فالأطفال في حاجة لأن يشعروا بطفولتهم من خلال إتاحة الفرصة أمامهم لممارسة ألعابهم

....

....

5 أؤيد إعطاء الطلاب واجباً منزلياً من كل قلبي وذلك لإيماني المطلق بفائدته.

....

....

ج لخصوا النص أعلاه باللغة الإنجليزية — *C*

Provide a précis in English of the above text.

....

....

....

....

....

....

....

....

....

....

....

....

....

د استخرجوا من النص الروابط التالية — *D*

Find the following type of connectors from the text.

1 روابط الإضافة

....

2 روابط الإستدراك

....

3 روابط الزمن

....

✓

ه أكملوا الفقرة التالية باستخدام الحرف المناسب	F
Complete the following paragraph with the appropriate prepositions.	

في   من   في   على   الى   في   على   في   على   عن   على

وكانت أعمال العنف تفاقمت............ . ضواحي باريس وخارجها أمس، لليوم العاشر............ التوالي. ورغم الدعوات............ .. الهدوء، التي اطلقت أمس، فإن معدل احراق السيارات، كان أعلى .... أي يوم مضى، حيث بلغ 1300 سيارة ، منها 554 سيارة خارج المنطقة الباريسية، ممّا يدل .... امتداد أعمال العنف............ المدن خارج هذه المنطقة. كما تمّ توقيف 312 مشتبها............ . وقوفهم خلف هذه المظاهرات الغاضبة. وسلطت الأضواء منذ البداية على وزير الداخلية نيكولا سركوزي ، بالنظر إلى أن دوره الأساسي هو الحفاظ............ . أمن الفرنسيين. غير أن تصريحاته، مباشرة عقب اندلاع أعمال العنف، وحديثه............ «الأوباش» ثم «الحثالة» وإعلان عزمه على «تنظيف» الضواحي، ساهمت............ . نشر واتساع أعمال العنف.

4.6 Introducing a TV show — 4.6 نموذج مقدمة لبرنامج تلفزيوني

Consider the following when writing an introduction to a show to be aired on television.

مقدمة:

- افتتاحية: تحية المشاهد أو المستمع
- طرح أرضية النقاش
- تقديم مختصر للموضوع
- تقديم ضيوف الحلقة

سيداتي وسادتي أهلا وسهلا بكم في برنامج "الوجه الآخر" . في حلقة اليوم من البرنامج سنناقش البرامج التعليمية في العالم العربي. وسنحاول الإجابة عن الأسئلة التالية:

1 هل البرامج التعليمية في العالم العربي متطورة وتساير العصر الحديث؟

2 هل بامكان المتخرّجين من الجامعات العربية المنافسة على مناصب دولية؟

للإجابة على هذه الأسئلة نستضيف في حلقة اليوم الدكتور .... المتخصّص في طرق مناهج التدريس بجامعة ليدز. والأستاذة .... المتخصصة في مجال التشغيل والبحث العلمي بجامعة دمشق.

أ	أ كتبوا مقدمة لبرنامج تلفزيوني تعرضون فيها الموضوع التالي	A
	Write an introduction to a TV programme introducing the following topic.	

الأزمة الإقتصادية العالمية وتأثيرها على سوق العمل

....

....

....

....

....

....

....

....

UNIT 5: CREATIVE WRITING — الكتابات الإبداعية

1 ما هي القصة القصيرة؟

2 ممّا تتكون القصة القصيرة؟

5.1 What is a short story in Arabic? — 5.1 تعريف القصة القصيرة

A short story is a form of prose writing which tells a fictional, or sometimes real, story. Writing a short story is an arduous task which requires meticulous planning and familiarity with Arabic short story writing techniques. Whether you are a beginner or professional writer, having a good knowledge of the techniques of writing a short story will make your task easier and encourage you to be more creative.

Before starting your writing, it is advisable to follow these steps:

1 Familiarise yourself with Arabic short stories. Read as many Arabic short stories as you can. Choose renowned authors and read them widely.

2 Think of a story that will constitute the bulk of your writing. Collect any ideas related to the story.

3 Establish your framework. Your story should be structured in a way that grabs the reader's attention. Your story should have a climax (a turning point in a story brought about by conflict between characters or within a character) and a resolution.

4 Decide who will narrate the story, i.e. whether you are going to use the first or third person.

5 Choose your characters carefully. Make sure you know enough details about your characters.

6 Before you start writing, acquaint yourself with Arabic rhetorical features.

7 Start writing your short story. Be prepared to change your plans if you feel that would help in creating a good story.

8 When revising and editing your first draft, you should consider the following:

- Carefully examine your language and style

- Be aware of the Arabic narrative register

- Be creative in your use of language, as Arabic short stories are rich in rhetorical features

9 Seek a second opinion about your short story. Having your short story reviewed gives you the opportunity to hear others' opinions. Accommodate any suggestions from your reviewers.

5.2 Rhetorical features of the Arabic short story 5.2 ملامح بلاغية

Before we look at the structure of the short story, it would be useful to consider some of the common rhetorical features that can be used in short stories.

Simile — التشبيه:

تعريفه:

لغة: التمثيل ، نقول هذا شبه هذا أي مثيله.

أركانه:

للتشبيه أربعة أركان وهي:

1 المشبه، وهو: الشيء الذي يراد إلحاقه بغيره
2 المشبه به ، وهو: الشيء الذي يلحق به (المشبه)
3 وجه الشبه، وهو: الوصف المشترك بين الطرفين ، ويشترط فيه أن يكون في المشبه به أقوى منه في المشبه ، وقد يذكر وقد يحذف.
4 أداة التشبيه، وهي: اللفظ الذي يدل على التشبيه ويربط المشبه بالمشبه به ، وقد تذكر وقد تحذف.

أداة التشبيه ثلاثة أنواع:

1 حروف : الكاف – كأن
2 أسماء: مثل ، شبه، مشابه، مماثل، مساوي.
3 أفعال: يحاكي، يضاهي، يشابه، يماثل، يساوي.

والتشبيه أقسام:

1 تشبيه مرسل: ما ذكرت فيه أداة التشبيه: محمد كالأسد شجاعة
2 تشبيه مؤكد: وهو ما حذفت منه أداة التشبيه: محمد أسد
3 التشبيه المجمل: وهو ما حذف منه وجه الشبه، مثل: ألفاظه كالعسل
4 التشبيه المفصل هو ما ذكر فيه وجه الشبه: ألفاظه كالعسل حلاوة.

من التشبيهات التي جرت بها العادة عند العرب:

الشجاع بالأسد، الوجه الحسن بالشمس والقمر ، الشعر الأسود بالليل ، الخيل بالريح أو البرق ، الشيب بالنهار ، واسع العلم بالبحر ، القاسي بالحديد والصخر ، البليد بالحمار.

الخصال:

الكريم بحاتم ، العادل بعمر ، الحكيم بلقمان ، الظالم بالحجاج ، الطاغية بفرعون. استخرجوا

✓ أ التشبيه من النص التالي وحدّدوا أركانه. A

Find the types of simile in the following text.

كنت أتجول في شوارع مدينة فاس فإذا بي أرى فتاة جميلة شعرها ليل ووجهها قمر ونظرتها ابتسامة. مشيت بدون التفاتة وأنا أفكر في جمال الخالق ليقع بصري على رجل يمدّ يده إلى المارّة ، ثيابه ممزّقة كالمتسول ، وشعره ملوث كالمحارب، صوته ضعيف يحاكي المريض في لحظة الاحتضار. قلت لنفسي هذه تناقضات الحياة. هناك الغني والفقير، المتعلم والجاهل. صرت في طريقي وأنا أتساءل لماذا هذا التناقض؟ وأنا في حيرة من أمري فإذا بطفل صغير يبلغ الحاديّة عشرة من عمره يقاطعني بصوت عال قائلا:

"السلام عليكم" ، فمضى قائلاً: التلميذ جندي ، محفظته سلاحه وقلمه بندقيته وعدوه الجهل. استغربت لهذه المقارنة الرائعة التي خرجت من فم طفل يضاهي الرجل ذكاء، لم يدق بعد تجربة الحياة الصعبة. مشيت في طريقي والتعب يبدو واضحا على وجهي كالفلاح المكدّ تحت حرارة الشمس الساطعة. رجعت إلى مدينتي و صورة مدينة فاس المتناقضة ظلت تخيّم على ذهني وعقلي.

✓ ب ضعوا الكلمات التالية في جمل تحتوي على تشبيه B

Form simile sentences from the words in brackets.

(زيد – رياضي – حركة) (الجو – الماء – صفاء)

(نادية – الوردة – جمال) (الحصان – القطار – سرعة)

✓ ج أعطوا مثالين للتشبيه المرسل والمؤكد C

Give two examples for التشبيه المرسل والمؤكد

الجناس — Assonance

هو تشابه لفظين في النطق واختلافهما في المعنى.

وهو أنواع منها:

الجناس التام: ويكون عندما يتفق اللفظان في أربعة أشياء وهي:

- نوع الحروف
- عددها

● ترتيبها

● وهيآتها من الحركات والسكنات

هذان اللفظان يكون معناهما مختلفان: مثلا: الساعة:

1 يبدأ درس النحو والترجمة **الساعة** العاشرة صباحا

2 أغادر الجامعة **الساعة** الخامسة مساء

3 يؤمن المسلمون بيوم **الساعة**

4 **حرّرت** قوات التحالف اليهود من التسلط النازي.

5 **حرّرت** مقالا لجريدة الشرق الأوسط

<u>الساعة</u> في المثال الأول تعني المدة الزمنية ، وفي المثال الثالث تعني يوم القيامة. حرّر في المثال الرابع تعني جعلتهم أحرارا ، وفي المثال الخامس تعني كتب أو نشر.

الجناس الغير التام: وهو ما اختلف فيه اللفظان في واحد أو اكثر من الأشياء الأربعة السابقة الذكر:

1 توفي جدّي وأنا ابن السادسة من عمري

2 عملت كل جهدي للحصول على المرتبة الأولى

(الخيل والخير – الفرح والمرح – فرّ وكرّ)

الجناس المحرّف: هو اختلاف هيئات الحروف الحاصلة من حركاتها وسكناتها:

1 لبست بردا يقيني من البرد

2 حضرت خطبة أختي

3 سمعت خطبة الإمام

جناس القلب: اختلاف اللفظان في ترتيب الحروف

1 عورة و روعة -

الحقيقة والمجاز و الاستعارة　　　　　　　　**Literary metaphor**

الحقيقة هي استخدام اللفظ في معناه الحقيقي الذي وضع له في الأصل:

يكتب الطالب الدرس

المجاز هو استخدام اللفظ في غير معناه الحقيقي الذي وضع له في الأصل:

زلزل الخبر أعصابي

رأيت قمرا في الجامعة: رأيت فتاة جميلة كالقمر في الجامعة
(فحذفت المشبه (فتاة) والأداة (الكاف) ووجه الشبه (الجمال)
وألحقه بقرينة (الجامعة)

زيد أسد

أ	استعملوا كلا من الألفاظ التالية استعمالا مجازيا	A
	Form metaphorical sentences from the following.	

القمر – السماء – البحر – الموج

....

....

....

....

ب	استعملوا كلا من الأفعال التالية استعمالا حقيقيا ومجازيا	B
	Use the following metaphorically and literarily in sentences.	

مشى – مات – ابتعد – فرح

....

....

....

....

....

ج	استخرجوا المجاز من النّص التالي	C
	List metaphors used in the following text.	

كان الجو صيفا وكنت أتجول بجانب شاطئ البحر. فاستقبلتني الأمواج استقبالا حارا بصوت يثير السعادة والفرح في النفس الإنسانية. أما الرمال الذهبية فقد حيّت بدفئ قدميّ. أما النجوم فقد أنارت طريقي وخلصتني من قبضة الظلام الحالك. أما نسيم البحر فقد بسط يديه على الشاطئ وجعلني أستمتع بكل خطوة أخطوها بجانب البحر. لقد كانت تجربة رائعة فتحت صدري وعقلي للطبيعة وعناصرها.

Metonymy الكناية

This refers to the substitution of a thing's attribute or feature for the name of the thing itself, for example Windy City = Chicago.

- زرت **مدينة الضباب**
- وقف **ضيوف الرحمان** على عرفة
- التقيت **بحاتم الطائي**
- لم أزر الغابة خوفا من **ملك الغابة**

الكناية لفظ يتكلم عن شئ والمراد به غيره.

A	أ استخرجوا الكناية من الأبيات التالية
List metonymy used in the following verses.	

طويل النجاد رفيع العماد كثير الرماد ...
فلما شربناها ودب دبيبها إلى موطن الأسرار قلت لها: قفي

....

....

....

....

....

....

The sublime التعجب

لأسلوب التعجب الاصطلاحي صيغتان:

(ما أَفْعَلَ) و(أَفْعِلْ بـ).

- فعندما نتعجب من جمال شيء أو قبحه أو ضخامته أو غير ذلك نستخدم هاتين الصيغتين للدلالة على أن هذا الشيء على غير المعتاد، فنقول مثلا:
- ما أروعَ الطالب
- ما أجمل الربيع
- ما أضخم المدينة
- ما أقبح فعله

ممّ يتكون أسلوب التعجب؟
يتكون أسلوب التعجب من صيغتن:
(ما أفعل)

1 **ما التعجبية**: وهي إسم مبني في محل رفع مبتدأ- بمعنى شيء عظيم-.
2 **أفعلَ**: وهي فعل ماض مبني على الفتح، والفاعل ضمير مستتر وجوبا تقدير (هو) يعود على ما التعجبية.
3 **المتعجب منه**: يعتبر مفعولا به، والجملة الفعلية (جملة أفعل..) في محل رفع خبر المبتدأ (ما) التعجبية.

ومعنى الجملة (ما أجمل السمش) = شيء عظيم جمَّلَ الشمس.

أما الصيغة الثانية(أفعلْ بـ) ، فتتكون من:

1 **أفعلْ**: وهو فعل ماض جاء على صورة الأمر، مبني على الفتح المقدر.
2 **الباء**: وهي حرف جر زائد، مبني على الكسر.
3 **المتعجب منه**: ويعرب فاعلا مرفوعا بعلامة مقدرة منع من ظهورها حركة حرف الجر الزائد.

ومعنى الجملة: (أجملْ بالشمس) = (جملت الشمس).

التمني **Wish**

أمثلة:

1 ألا ليت الشباب يعود يوما فأخبره بما فعل المشيب
2 ليت الليل كان شهرا ومرّ نهاره مرّ السحاب
3 ياليت لنا ما أوتي قارون
4 هل: هل لي من سبيل إلى الصديق
5 لو : أيا ليلى لو تشعرين بحالي
6 لعل: لعلك ترى وضعي فتشفق مني.

تعليق

1 نلاحظ في البيت الأول أن الشاعر يتمنى رجوع الشباب مرة ثانية لكن الطلب مستحيل. فالشباب لا يعود والانسان قد بلغ سن الكبر/الهرم.
2 وفي البيت الثاني يتمنى الشاعر لو أن الليل طويل كالشهر وأن النهار يمضي بسرعة. لكن تمنيه لا يمكن حدوثه.

التمني هو طلب الحصول على شئ محبوب لا يرجى حصوله ، إما لكونه مستحيلا ، وإما لكونه ممكنا غير مطموح في نيله.

للتمني أداة هي "ليت" وثلاث غير أصلية تنوب عنها ويتمنى بها وهي:

هل: هل لي من سبيل إلى الصديق
لو : أيا ليلى لو تشعرين بحالي
لعل: لعلك ترى وضعي فتشفق مني.
إذا كان الشئ مستحيل التحقق أصبح الطلب ترجيا ويعبّر فيه ب "لعل" و "عسى".

Antithesis **الطباق**

An opposition or contrast of words or sentiments occurring in the same sentence.

<u>الأمثلة:</u>

1 سلي إن جهلت الناس عنا وعنهم فليس سواء عالم وجهول
2 يبكي ويضحك لا حزنا ولا فرحا كعاشق خط سطرا في الهوى ومحا
3 فيوم علينا ويوم لنا ويوم نساء ويوم نسر
4 هل يتساوى الذين يجتهدون والذين لا يجتهدون؟

تعليق:

إذا تأملنا هذه الأمثلة نلاحظ أن كلا منها يشتمل على شيء وضده. ففي المثال الأول نجد "عالم" و "جهول" ، وفي المثال الثاني "يبكي" و "يضحك" وفي المثال الثالث : "علينا" و "لنا" "نساء" و "نسر". هذا النوع من الطباق يسمى: **<u>طباق الايجاب</u>**
أما في البيت الرابع فنلاحظ أنه يشتمل على فعلين من أصل واحد أحدهما ايجابي "مثبت" و الآخر سلبي "منفي" ، وبهذا الاختلاف صارا ضدين: وهذا يسمى **<u>طباق السلب</u>**

الطباق هو الجمع بين الشيء وضده ، وهو نوعان:

طباق الايجاب: وهو ما اتفق فيه الضدان ايجابا وسلبا: ضحك # بكى
طباق السلب: وهو ما اختلف فيه الضدان ايجابا وسلبا ، كأن يؤتى بفعلين أحدهما مثبت والآخر منفي: حضروا وما حضروا

5.3 Arabic short story features — 5.3 ملامح القصة القصيرة

Now let us consider some of the techniques used in writing Arabic short stories. As in English, Arabic short stories are rich and colourful and written with a variety of techniques.

1 تعريف المصطلح:

قصّ تعني حكى و كلمة قصّة = حكاية

2 النص القصصي: يحتوي النص القصصي على 3 أبعاد و هي:

الحكاية: هي جملة أحداث تدور في إطار زماني و مكاني ما. تتكلم عن شخصيات قد تكون واقعية أو خيالية من فعل السارد.

السرد: الفعل الذي يقوم به السارد أو الراوي و ينتج عنها النقص القصصي المتمثل في النص المروي أو المكتوب (خطاب ، لفظ).

الخطاب القصصي أو النص: العناصر اللغوية المستعملة في السرد.

3 الترتيب الزمني: هناك زمنين يمكن الحديث عنهما:

ا) زمن الحكاية: الوقت الذي رويت فيه الحكاية
ب) زمن الخطاب: ترتيب السارد للأحداث نعني هنا الوقت الذي كتبت فيه القصة.
هذا التصنيف الزمني مهم جدا لأنه يظهر كيفية تدخل السارد في الزمن السردي. فهناك نوعين من التنافر الزمني:

السوابق: تعني الإشارة إلى حدث قبل وصوله و تسمى هذه العملية بسبق الأحداث.

اللواحق: ايراد حدث سابق للنقطة الزمنية التي بلغها السرد وتسمى كذلك بالاستذكار.

المجمل: ملخص سرد أيام و شهور، سنوات من حياة الشخص بدون تفعيل للأفعال و الأقوال و ذلك في بضعة أسطر (تلخيص وجيز).

التوقف: توقف من سرد الأحداث (وصف شيء يتعلق بالشخصيات قبل ظهور الحدث) أو تقديم انطباع عن شخصية ما وهذا يسمى وصف ذاتي.

الاضمار: هو الجزء المسقط من القصة سواء نص السارد على ديمومة هذا الاسقاط كان يقول: **و مرت خمس سنوات ، مضى زمان وجاء زمان.**

4 السرد القصصي:

مستويات السرد:

ا) السرد الابتدائي: عندما يكتب مؤلفا رواية أو قصة فهذا سرد ابتدائي.
ب) السرد الثانوي: هو سرد حكاية ثانوية.

وظائف السارد:

وظيفة بديهية هي السرد

وظيفة تنسيق هنا السارد يصبح مسؤولا على التنظيم الداخلي للخطاب القصصي (تذكير بالأحداث, ربط لها...) إعداد عمل السارد مسبقا: "سأقص عليكم..."

وظيفة *ابلاغ*: تتجلى في ابلاغ رسالة للقارئ (مغزى أخلاقي..)

وظيفة *استشهادية*: هنا السارد يبيّن المصدر الذي أخذ منه معلوماته

وظيفة *ايديولوجية أو تعليقية*: النشاط التفسيري أو التأويلي للراوي.

وظيفة *افهامية أو تأثيرية*: تتمثل في ادماج القارئ في عالم القصة و محاولة اقناعه.

وظيفة *انطباعية أو تعبيرية*: تعبير السارد عن أفكار و مشاعرخاصة: سيرة ذاتية.

نموذج 1 Sample 1

أ. إقرأوا القصة التالية وأجيبوا عن الأسئلة أسفله

فلة تنكرية

أخيرا..عزمت على السفر.

لما وجدت أن لابد مما ليس منه بد ، وأن ذيول القضية تشعبت وتفرعت،وتعدد الذين يمسكون بأطرافها،حتى باتت تحتاج الى مراجعات ومقابلات واتصالات مع معارف ووسطاء وموظفين كبار وصغار،وأختام وتواقيع،وانتظار هذا والوقوف بباب ذاك ،والرجاء والشكوى وشرح الحال وبذل المال.

أما لماذا لم أقرر إلا أخيرا، فهذا أمر يتعلق بطبعي،إذ صرت أكره السفر إلى المدن الكبيرة..الحياة فيها ميدان سباق،الناس يتحركون كخلية نحل..ازدحام في الشوارع والساحات والمحلات والدوائر والفنادق.واني لأعجب كيف لايصطدم البشر بعضهم ببعض في هذا الزحام الذى يختلط فيه الكبير والصغير والمرأة والرجل والموظف والعامل والبائع والمشتري..فتتدافع الأكتاف والصدور والظهور،وتتشابك الأذرع والسيقان.

عندما وصلت أخذت حقيبتي الصغيرة وقصدت فندقا متواضعا أقضي فيه ليلتي، لعلي أستيقظ في الصباح نشيطا فأنجز ما جئت من أجله.

لم أشعر بالنعاس..حاولت دون جدوى..في رأسي صور وأفكار عديدة..تقض مضجعي، تهوي على ذاكرتي مثل مطارق ثقيلة فتطرد النوم من عيني.

قلت في سري:لأخرج الى المدينة..أمشي قليلا، لعل ذلك يروح عني فتهدأ نفسي ويقارب النعاس أجفاني.

تذكرت كيف قضيت في هذه المدينة الكبيرة سنوات عدة، للدراسة في جامعتها.كانت الأيام غير هذه الأيام. كان للمدينة جمال ساحر ورائحة مميزة..وكم كنا نسير في طرقاتها ليلا، بعد تعب الدرس والقراءة.

نشرب الماء البارد من مناهلها المنتشرة في الحارات ونشم رائحة الياسمين والفل ، نقطف باقة صغيرة نزين بهاغرفتنا المتواضعة.

ومصادفة...التقيته.. صديق قديم، لم أره منذ سنوات..هو غريب مثلي،استهوته المدينة فاستقرّ فيها بعد أن وجد وظيفة مناسبة. وبعد سلام وعناق وسؤال قال:

– لن أتركك الليلة،أنت ضيفي، وأنا وحيد مثلك،سافرت زوجتي الى البلد..مارأيك أن نقضي السهرة في مكان عام ونستعيد أيام زمان.

أردت أن أعتذر..

قال: يارجل..فرصة مثل هذه قلما تأتي.

قلت:عندي عمل كثير ،يجب أن أنجزه غدا.

قال :لاتخف..مازال حتى الغد وقت طويل،هيا بنا.

سألته:الى أين؟

رد قائلا:اختر أنت.

– أنا ...؟

واستطردت ضاحكا:أنا لاأعرف كثيرا في هذه المدينة فقد تغيرت تماما.

– هذا صحيح..لقد تغيرت ..كل ما فيها تغير البشر والحجر،فكما يقول صاحبنا هيراقليطس انك لا تسبح في النهر الواحد مرتين..لأن مياها جديدة تجرى من حولك دائما.

صمت لحظة ثم أضاف متسائلا:

-ما رأيك بحفلة تنكرية؟

لم أتكلم..أردت أن أرفض،الا ان الفكرة استهوتني.

استطرد قائلا:سوف ترى عالما آخر.

ثم عقب مازحا:هي فرصة يارجل فاغتنمها قبل أن ارجع في كلامي.

انطلقت بنا السيارة الى فندق ذى نجوم خمس..شعرت بشيء من الرهبة والوجل،وأنا ألج عالما لاأعرفه من قبل. الأبواب الزجاجية تفتح وتغلق آليا..شد انتباهي اعلان عند مدخل الصالة الكبيرة..قرأت..الدخول باللباس الرسمي،يرجى التقيد بذلك.

استوقفت رفيقي..أشرت الى اللوحة.قال موضحا:ما بك يارجل!هذا مكان لا يرتاده الا علية القوم.

أضاف ضاحكا كعادته:وأنا وأنت.

رحب بنا النادل،انحنى لنا،كان يرتدي ثيابا سوداء وربطة عنق أنيقة،حييته ومددت يدي مصافحا..شدّني رفيقي وقال هامسا:

-ماذا تفعل؟صحيح انك بدوي.

جلسنا على كرسيين متقابلين،تتوسطنا طاولة فوقها صحون وملاعق وأقداح وعلبة محارم ورقية وزجاجة ماء..

تلفت حولي..ليس بين الرواد من يضع قناعا أو يرتدى ثيابا تنكرية،فقلت في سري:هل هذه هي الحفلة التنكرية التي وعدني بها؟وأضفت:ربما لم تبدأ بعد.

امتلأت الصالة بالناس والدخان ورائحة الكحول والعطور،وصدحت في القاعة موسيقا صاخبة تصيب الآذان بالصمم.

صعد الى المنصة مطرب شاب،غنى ألحانا عربية وأجنبية.. أعلن عريف الحفل عن الجزء الثاني من السهرة،أطلت فنانة شابة بثوبها القصير جدا وصدرها وظهرها المكشوفين ونهديها البارزين..رقصت وغنت أغان عديدة لمطربين ومطربات،كانت تصل واحدة بأخرى.ضجت الصالة بالتصفيق والهتاف..

صفّت على حافة المنصة زجاجات الشراب..أكثر من واحد دنا منها ونثر عليها قطعا نقدية كبيرة.

نهض رجل..كان يبدو رزينا متزنا قبل أن ينهض،صعد اليها،اقترب منها،همس في أذنها،امسك بيدها،غنت له ،رقص،ضمها اليه..دفعته عنها..تأرجح،وقع أرضا..زحف على يديه وركبتيه..احتضن ساقها..زجرته، رفسته بقدمها. تدخل شابان قويان وأعاداه الى مكانه وهو يهذي بكلمات رخيصة مبتذلة.

قال صاحبي: طبعا لا تعرفه.

قلت:طبعا.

قال: يلقبونه بالمرعب.

قلت:ولكن..لايبدو عليه ذلك

أضاف:لاتستغرب..تراه في النهار على غير ما تراه في الليل..

تلفت حوله واستطرد:انه من ذوي الشأن ،هو مرعب حقا..صارم حازم،لايضحك في النهار ولايبتسم أبداً.

آخر.؟.استهوته الراقصة الشقراء أو السمراء،لا أدري،فالأصباغ والألوان غطت بشرتها..ترك مقعده وراح يرقص الى جانبها،يحاول أن يقلدها..نزعت الحزام عن وسطها ولفته حوله فانتشى وصار يهز وسطه ويتلوى.

قلت لصاحبي:هل هذا منهم أيضا؟

ورسمت بيدي اشارة يفهم معناها.

ابتسم وقال ببساطة:هووه..طبعا.

شغلت بالمراقبة والتساؤل وكدت أن أموت هما،هاهي امرأة شابة جميلة فاتنة تسرق نظرات خاطفة الى شاب ينزوي في ركن آخر، وتبادله التحية بالاشارة خفية أمام زوجها الذى يجلس قبالتها، يجهل أو يتجاهل ما تفعل.

قلت لصاحبي:اكاد أفقد صوابي.

قال:لماذا؟

واستطرد بطريقته الخطابية ساخرا:
-عجيب أمرك أيها البدوي القادم من اطراف الصحراء،الناس هنا لايهدرون الوقت..هنا يعقدون الصفقات وينجزون المعاملات ..بيع، شراء، نقل، تعيين...وكل شيء بثمن،هنا يخلعون ثياب التنكر ويكشفون عن خفاياهم التي يتسترون عليها في النهار،حيث ترى كل واحد بحجمه الطبيعي دون تزييف.
قلت:ولكني أعتقد اننا جئنا الى حفلة تنكرية.
ابتسم ساخرا ولم يتكلم.
طالت سهرتنا حتى مطلع الفجر..قام بعض الرواد الى بيوتهم مخمورين.. أعلن أحدهم وقد تعته السكر أنه لم يظلم في حياته كما ظلم بزواجه من أم الأولاد، وأنه على استعداد لأن يدفع نصف عمره مقابل ليلة مع تلك الشقراء.
كانت الصالة تلفظ روادها قشورا منزوعة اللب..
نظرت الى ساعتي، كانت تشير الى الثالثة صباحا.
قلت مفزوعا:لقد تأخرنا،وأنا عندي أعمال علي أن أنجزها في الغد.
ضحك وقال : تقصد اليوم..
ثم استطرد: لا أنصحك بالعودة الى الفندق والنوم.قد لا تستيقظ الا بعد الظهر.
ذهبنا الى بيته،وفي الصباح شربنا شايا وقهوة وانطلقنا الى المجمع الكبير.
وفي الطريق قلت:قضينا سهرة لطيفة،ولكنك كنت قد وعدتني بحفلة تنكرية
ارتسمت على وجهه ابتسامة لم تلبث أن انفجرت قهقهة لفتت الأنظار الينا،ثم نطق:
-حفلة تنكرية أيها البدوي! أنا مازلت عند قولي .ولكن..نسيت أن أقول لك ان مثل هذه الحفلات صارت تقام في النهار..انظر حولك.
كانت المدينة عروسا تستيقظ بدلال ،متعبة،كسولة، نشوى، النوم يثقل أجفانها ونسيم الصباح يثير فيها رعشة لذيذة، وفي شوارعها التي تفرعت كالشرايين في الجسد دبت الحركة بهدوء،ثم لم تلبث أن ازدحمت بسيارات كبيرة وصغيرة،ووجوه قابلت بعضها في تلك السهرة أو هكذا خيل الي.
نظرت حولي..امعنت النظر..
وجوه جادة وقورة..نظرات هادئة، خطوات ثابتة رزينة، حديث عن الواجب والمسؤولية، وحوار حول النزاهة والأمانة والشرف..وترشيد الاستهلاك واستغلال الموارد والطاقات،والقضاء على الهدر والرشوة والفساد،وأخبار عن التصدى للظلم والعدوان، واستعادة الحقوق ورفض الاستسلام.. وحماية البيئة وحقوق الانسان...
ضحكت ضحكة ساخرة..
عقب صاحبي: تضحك... انظر.. هذه هي الحفلة التي وعدتك بها.. يبدو انها قد أعجبتك.. تأمل جيدا، فها هي قد بدأت الآن.
نظر الى ساعته.. كانت تقارب الثامنة صباحا ثم أضاف: اعذرني.. سوف نفترق..((نمرتي)) تبدأ بعد قليل ويجب أن لا أتأخر.

إبراهيم خريط

http://www.syrianstory.com/ibrahim-k.htm

أ	حدّدوا الأفكار الأساسية للقصة أعلاه	A
	Find the main topics in the above short story.	

1 ....

2 ....

3 ....

4 ....

B

ب استخرجوا الملامح البلاغية الموجودة في القصة

Find some rhetorical features in the story.

أمثلة من النص	الملامح البلاغية

C

ج استخرجوا الروابط الموجودة في القصة وحدّدوا نوعها

Find the main Arabic connectors in the above story.

مثال من النص	نوع الرابط

D

ه لخّصوا القصة أعلاه باللغة العربية

Write a précis in Arabic of the above short story.

....

....

....

....

....

....

....

....

و	أعيدوا كتابة مايلي بأسلوبكم الخاص	E
	Paraphrase the following.	

1 صرت أكره السفر إلى المدن الكبيرة. الحياة فيها ميدان سباق، الناس يتحركون كخلية نحل..ازدحام في الشوارع والساحات والمحلات والدوائر والفنادق.

....

....

2 حاولت دون جدوى.. في رأسي صور وأفكار عديدة... تقض مضجعي، تهوي على ذاكرتي مثل مطارق ثقيلة فتطرد النوم من عيني.

....

....

3 ليس بين الرواد من يضع قناعا أو يرتدى ثيايا تنكرية، فقلت في سري: هل هذه هي الحفلة التنكرية التي وعدني بها؟ وأضفت: ربما لم تبدأ بعد.

....

....

Sample 2 نموذج 2

قصة شجرة عجوز

يحكى أنه فى وقت من الأوقات كانت هناك شجرة مورقة بشدة فى أحد الغابات . حيث كانت الأوراق تنمو بغزارة على الأغصان الفارغة . بينما جذورها كانت تضرب فى أعماق التربة . وهكذا كانت هذه الشجرة هى المتميزة بين باقي الأشجار .

أصبحت هذه الشجرة مأوى للطيور . حيث بنت الطيور أعشاشها وعاشت فوق أغصانها . صنعت الطيور أوكارها بحفر جذعها ، ووضعت بيضها الذى راح يفقس فى ظلال عظمة هذه الشجرة . فشعرت الشجرة بالسرور من كثرة الصحبة لها خلال أيامها الطويلة . وكان الناس ممتنين لوجود هذه الشجرة العظيمة . لأنهم كانوا يأتون مراراً ليستظلوا بظلها . حيث كانوا يفترشون تحت أغصانها ويفتحون حقائبهم ليتناولوا طعام رحلتهم . وفى كل مرة عند عودة الناس لبيوتهم كانوا يعبّرون عن مدى فائدة هذه الشجرة العظيمة لهم . وكانت الشجرة تشعر بالفخر لسماعها ثنائهم عليها .

ولكن مرت السنين . وبدأت الشجرة تمرض . وراحت أوراقها وأغصانها تتساقط . ثم نحل جذعها وصار باهت اللون . وراحت العظمة التى كانت قد اعتادتها تخفت وتضيع تدريجياً . حتى الطيور صارت تتردد فى بناء أعشاشها فوقها. ولم يعد أحد يأتى ليستظل بظلها . بكت الشجرة وقالت " ياالله ، لماذا صارت علىّ كل هذه الصعوبات ؟ أنا أحتاج لأصدقاء. والآن لا أحد يقترب إليّ . لماذا نزعت عني كل المجد الذى كنت قد تعودته ؟ .
وصرخت الشجرة بصوت عال حتى تردد صدى بكائها فى كل الغابة " لماذا لا أموت واسقط ، حتى لا أعانى ما أعانيه ولا أقدر على تحمله ؟ ، واستمرت الشجرة تبكى حتى غمرت دموعها جذعها الجاف .
مرت الفصول وتوالت الأيام ، ولم يتغير حال الشجرة العجوز. ولا زالت الشجرة تعاني من الوحدة . وراحت اغصانها تجف أكثر فأكثر . وكانت الشجرة تبكي طوال الليل وحتى بزوغ الصباح .
" سو....سو...سو " ، آوه ماهذه الضجة ؟ . إنه طائر صغير خرج لتوه من البيضة . وعلى هذا الصوت استيقظت الشجرة العجوز من أحلام يومها .
" سو....سو...سو" ، وعلت الضوضاء أكثر فأكثر . وإذا بطائر صغير آخر يفقس من البيضة. ولم يمض وقت طويل حتى فقس طائر ثالث ورابع وخرجوا الى هذا العالم . فقالت الشجرة العجوز متعجبة " لقد سمع صلاتي وأجابها " .
فى اليوم التالى ، كانت هناك طيور كثيرة تطير لتحط على الشجرة العجوز . وراحوا يبنون عشوشا جديدة . كما لو أن الأغصان الجافة جذبت انتباههم ليبنوا عشوشهم هناك . وشعرت الطيور بدفء فى بقائها داخل الأغصان الجافة بدلا من أماكنها السابقة . راحت أعداد الطيور تتزايد وكذلك تنوعت أنواعها . فغمغمت الشجرة العجوز فرحة وهى تقول
" اوه ، الآن ايامى ستصير أكثر بهجة بوجودهم ههنا ."
عادت الشجرة العجوز الى البهجة مرة أخرى ، و امتلأ قلبها حبوراً . بينما راحت شجرة صغيرة تنمو بالقرب من جذورها . وبدت الشجيرة الجديدة كما لو أنها تبتسم للشجرة العجوز. لأن دموع الشجرة العجوز هى التى صارت شجيرة صغيرة تكمل تكريسها للطبيعة .
صديقى العزيز ، هذه هى الطريقة التى تسير بها الأمور . فهل هناك درس تستخلصه من هذه القصة ؟ .نعم الله دائما لديه خطة سرية من أجلنا . الله القدير دائما ما يجاوب تساؤلاتنا . حتى حينما يكون من العسير تخمين النتائج ، ثق أن الله كلى القدرة يعرف ما هو الأفضل لنا .
وعندما تكون هناك أوقات يسمح لنا فيها بالتجارب ، ففى أوقات أخرى يغمرنا بفيض البركات . وهو لا يمتحنا أكثر مما نستطيع أن نحتمل . وعندما سمح الله بالتجربة للشجرة العجوز ، تأخر فعلا فى إظهار مجده . ولكن الحقيقة أن الله لم يسمح بسقوط الشجرة العجوز ، فقد كان لديه بعض الأسرار التى يحتفظ بها من أجلها . ولكنه كان يختبر صبر الشجرة .
لذلك ، يا صديقى العزيز ، كن متأكداً ، أنه مهما كان ما نواجهه من تجربة فنحن نواجه حلقة في سلسلة المجد الذى يعده لنا . فلا تيأس ، ولا تحبط . فالله موجود هناك دائما الى جوار الصابرين.

Dina Fathy
http:// popekirillos.net/ar/stories/23.php

A	أ استخرجوا ملامح القصة القصيرة من القصة أعلاه

List some of the short story techniques used in the above story.

....

....

....

....

....

....

....

....

....

....

ب اقرأوا القصة أعلاه واستخرجوا مايلي	B
Find the following in the above story.	

الترتيب الزمني للقصة:

....

....

....

مجمل القصة

....

....

....

وظائف السارد

....

....

....

عنصر التشويق في القصة

....

....

Answers

Page 1

1 و – فـ – فـ – لكن – ثم – و – رغم – و

2 و – ثم – وبعد ذلك – ثم – و – و – و

Page 3

1 و 2 ثم 3 و 4 و 5 وبالإضافة إلى ذلك 6 و – ثم – وبعد ذلك – ثم

Page 4

1 لكن 2 على عكس 3 لكنهم 4 من جهة - من جهة ثانية 5 لكنها
6 على نقيض / على عكس 7 على خلاف

Page 6

1 بينما – 2 وفي هذه الأثناء 3 عندما 4 عندما 5 بعد 6 حينما 7 بينما 8 وفي
هذه اللحظة 9 وبعد ذلك

Page 7

1 قبل 2 بعد 3 أثناء 4 ثم - وبعد ذلك 5 ثم – قبل

Page 8

1 بسبب 2 ولهذا السبب 3 بسبب 4 ولذلك 5 ولهذا الغرض

Page 10

1 مثل 2 يحاكي 3 كـ 4 يشابه

Page 11

1 لم – فقط 2 غير / إلا 3 ماعدا 4 يجب 5 إن 6 لو

Page 14

1 وخلاصة 2 أكتفي 3 أكتفي بالقول 4 باختصار

Page 14

1 على غرار 2 على منوال 3 على طراز

Page 15

1 من المحتمل 2 من الأرجح 3 الأقرب إلى الظن 4 من الأرجح أن

Page 15

أ. 1 هذا المنوال 2 باختصار 3 لا أشك 4 أوافق ..... الرأي 5 غير منطقي

Page 18

1 بالرغم من 2 رغم 3 رغم 4 رغم

Page 19

أ. مبتهجا – مكدروا المزاج – ارتياحه – الإحباط – وبثقة – والجلي

Page 21

1 لم 2 ليس 3 لا – لا – لا – لا 4 لم 5 لم

Page 22

1 بلد المغرب 2 طالبة 3 سعيدا 4 الأقلام 5 كريما

Page 23

1 تنجحوا 2 تفوزوا 3 تفلح 4 تجد اعلان التحذير عن التدخين 5 تنجح

Page 26

1

1 رغم أن 2 رغم أنها 3 رغم استراحته 4 رغم أنه 5 رغم أن أباه أعطاه فرصة

2

1 و 2 ثم 3 بعد

3

1 و – فـ – وبعد ذلك – وبعدها

4

4 و – و – لكن – لأن – بسبب – سبب – و – و

6

1 ألح **2** أكد **3** أصرّ **4** الحق أقول

7

1 لكن **2** على نقيض ذلك **3** ومن جهته **4** لكنها **5** بيد أن **6** لكنه

10

1 الحديد **2** جنديا **3** طائرة **4** طالبا **5** قصة **6** الأرنب **7** سعيد
8 الأجانب **9** فريقا **10** الأستاذ الجديد

14

1 وقد **2** وهو **3** وقد

15

1 وهم منهزمون **2** وهم فرحون **3** وهو محتار **4** وهم متعبون **5** وهم
مسرعون **6** وهو مبتسم **7** وهم متعبون

16

1 قبل أن **2** بعد **3** قبل **4** بعد **5** بعدما **6** قبل **7** بعد **8** بعد أن

18

1 الذي **2** اللذان **3** الذين **4** الذي **5** التي **6** التي **7** اللذان **8** اللذين
9 التي

19

1 فشل في الإمتحان الأخير بسبب عدم اهتمامه بدراسته

2   يعمل ليل نهار نظرا لكثرة الشغل

3   سافروا إلى الخارج لكي يحضروا مؤتمر الصحة العالمي

4   عيّن نائبا للرئيس بعد مرض الأخير المزمن

20

1   إن   2   متى   3   إن   4   لو   5   أينما

Page 35

1   محمود   2   بريطانيا   3   هناك اختلاف في العادات والتقاليد والممارسات الإجتماعية   4   نعم

Page 39

1   حليم   2   سعيد   3   رسالة تهنئة لحليم بمناسبة نجاحه في الإمتحان الجامعي
4   بالدعاء إلى حليم

Page 41

1   الشكر والتقدير   2   شكره على رسالته التي هنأه فيها   3   نعم   4   اختتم رسالته بشكر نجيب

Page 43

كتبت من أوروبا   2   عزيز   3   يصف الحياة بأنها صعبة   4   يتمنى أن يلتقي بزوجته قريبا

Page 45

1   أمل ويأس – فرح وحزن – وسعادة وشقاء   2   يصفه بأنه عالم الأحزان   3   كان قلبه صحراء ولكن احساسه أصبح جنة بعد تعرفه على حبيبته.   4   عطر المحبة – فرح سعادة – جنة السعادة   5   صحراء قاحلة – عالم الأحزان – يأس – شقاء.

Page 48

1   كتب في الرياض 15.06.2008   2   سبب وفاة جدة سليم وهذه رسالة تعزية له   3   بدأ بعبارات الحزن والأسف   4   ببالغ الأسى والحزن – مشاعر المساواة والتعاطف   5   أن يتغمده الله بواسع رحمته ويسكنه فسيح جنانه   6   اختتم الرسالة بالدعاء لحسن ولأفراد عائلته.

Page 52

1   عن عدم نجاحه   2   الظروف الصعبة التي مرّ بها   3   سيعمل كل ما في جهده للحصول على نتيجة سارة السنة القادمة   4   نعم ، سنرى من النتائج ما يرضيك العام القادم.

Page 54

1 خالد المرجاوي **2** هو عدم ارتياحه للخدمة المقدمة في البنك **3** لا **4** ببالغ الأسف – عدم ارتياحي

Page 56

1 T **2** T **3** F **4** T **5** T

Page 62

1 بدأ رسالته بالشكر والتقدير للدعم المتواصل

2 استقال لظروف شخصية

3 2007 .30.12

4 اختتم بالتعبير عن شكره وامتنانه للمساعدة التي تلقاها خلال عمله.

Pages 68–9

1 ينجز هذا الطالب عمله باخلاص واتقان

2 طلب الأستاذ منا حفظ المفردات عن ظهر قلب.

3 بدل الرئيس قصارى جهده لمساعدة الأسر الفقيرة

4 يتميز الجندي بروح المسؤولية والإنضباط

5 جنى الطالب ثمار أتعابه عندما حصل على المرتبة الأولى

6 بذل كامل طاقته لإقناع الطرفين للرجوع إلى طاولة المفاوضات.

Page 72

1 رسب الطالب في امتحانه السنوي الأخير

2 فشل المدير في أعماله

3 أصابه الفشل بسبب عدم حديثه

4 وصلت المفاوضات إلى الطريق المسدود

5 لم يفلح الفلاح في حرث الأرض

6 خاب الطالب في أمله.

Page 72

1 يقوم الأستاذ بعمله على أحسن وجه

2 بحث مجلس الأمن القضية طردا وعكسا

3 بذلت كل جهدها للحصول على الدكتوراه

4 هذا الجندي يتمتع بروح المسؤولية والإنضباط

5 أمرنا الأستاذ بحفظ الأبيات الشعرية عن ظهر قلب

6 وأخيرا استطاع أن يجني ثمار أتعابه بعد حصوله على وظيفة جيدة.

Page 74

1 في القريب العاجل 2 مرور الوقت 3 أمد 4 خط الشيب رأسه 5 يوم وليلة 6 آل المطاف به. 7 بالكسل

Page 77

1 صفحة الماضي 2 نعومة أظافري 3 بين عشية وضحاها 4 الديون 5 انعاش 6 تخصيص 7 بخفض

Pages 80–1

1 اندلعت الحرب

2 ضربة استباقية

3 هجوما كاملا

4 خسائر فادحة

5 وعواصف ثقيلة

6 بخفض حدة التوتر

7 اندلاع حرب

8 معسكر تدريب

9 استخدمت .... القنابل المسيلة للدموع.

Page 87

4

1 أطلق الحرب من عقالها بعد فشل المفاوضات

2 حكم عليه بالسجن لأنه كتم وجه الحقيقة

3 قام الطالب المثابر بعمله على الوجه الأكمل

4 ستصبح الإتفاقية سارية المفعول السنة القادمة

5 طالبت قوات الأمن من سكان المنطقة العمل بالحيطة والحذر

6 بذل قصارى جهده للفوز بالإنتخابات التشريعية القادمة

7 يعتبر هذا الأستاذ مغلوب على أمره فطلابه لايحترمونه

8 يدعونه بالثرثار فريقه لا ينشف طول النهار

9 رغم املها بالفوز في الألعاب الألمبية فقد عاد بخفي حنين

5

1 صوب 2 الجمر 3 البكاء 4 غرة 5 بالمخاطر 6 قلب 7 قالبا 8 البصر
9 فسادا 10 المتواصلة

6

ضوضاء – المجاورة – شاسعة – فرحة/سرور – ضيعة – الساكنة – يحيّيها – انكب – تفان – شغله الشاغل – فسيح/شاسع – المزركشة – الفرح – شقاوة – رسخت

9

أ. تشعبا – تقاليد – الحضارية – المحسوبية – يشجبها – نشعر – خدمة – العليا – نكران – نشعر
ب. حالة – الفزع – آثار – نحو – الضحايا – احتمال – زلزال – الأنقاض – ماسة – الأغدية – معدات – البدائية

Page 94

ب. Statements 3 and 5 are inaccurate
ج. 1 شكر – بذل الجهد 2 بتأييد شعبي 3 تعزيز – تعميق

Page 112

ب. 1 × 2 × 3 × 4 × 5 × 6 ✓ 7 × 8 ✓

Page 113

د 1. تبقى الدبلوماسية هي الحل الوحيد وأظن أنّنا سنصل إلى حل لهذه الأزمة
2. لم يفصح عن مضمون الرسالة التي تبلغ 18 صفحة
3. أخفق الوزراء في الوصول إلى حل حول التعاطي مع الأزمة
4. دعا الرئيس الإيراني الرئيس الأمريكي إلى الدين

Page 123

ب.

1. حسب أحد الآباء الواجب المنزلي أساس تعليم الطلاب لأنه يساعدهم على استيعاب المهارات والأفكار التي تدرس يوميا.

2. يمكن أن يكون الواجب المنزلي مصدر قلق الطفل خاصة إذا لم يستطع الطفل انجاز عمله قبل حلول برنامجه التلفزيوني المفضل.

3. أطلب مساعدة والدك على انجاز واجبك فهذا يساعدك على عدم ضياع الوقت

4. اعطاء وقت للأطفال من أجل اللعب والراحة حتى يشعرو ن بطفولتهم

5. الواجب المنزلي نافع لتقدم الأطفال

Page 125

ه. في – على – إلى – من – على – في – في – على – على - في

Page 129

التشبيه
ب.
زيد كالرياضي حركة
الجو مثل الماء صفاء
نادية تضاهي الوردة جمالا
الحصان كالقطار سرعة

Page 131

الحقيقة والمجاز
أ.
التقيت بالقمر هذا الصباح. لقد كانت تردي ملابس جميلة.
اللغة العربية بحر بمعانيها المختلفة
منذ طفولته وهو يصارع أمواج الحياة الصعبة

ج.
استقبلتني الأمواج – بصوت يثير السعادة – حيّت – أنارت – خلصتني – أستمتع – فتحت

Appendix 1: Analysing Students' Errors

Writing errors

أخطاء كتابية

The following appendix introduces the reader to some of the common mistakes/errors made by learners of Arabic as a foreign language. Errors are categorised, and explanation given of the reasons that might have led to the errors. Check your errors against the following.

Grammatical errors

Verb/subject agreement: verb precedes the subject

1 ذهبوا اللاعبون إلى الملعب

2 خرجا الولدان مع أبيهم إلى السوق

3 شرحوا الأساتذة الدرس

The above sentences violate the verb/subject agreement. The rule states clearly that whenever a verb precedes its subject, and that subject is in a plural form, the verb must always be singular. It should agree with the subject in gender. The correct form for the above sentence would be:

4 ذهب اللاعبون إلى الملعب

5 خرج الولدان مع أبيهم إلى السوق

6 شرح الأساتذة الدرس

Verb follows a plural subject

1 اللاعبون ذهب إلى الملعب

2 الولدان خرج مع أبيهم إلى السوق

These two sentences contravene the subject verb/agreement rule. When the verb follows its subjects, that verb should agree with its subject in number and gender. Therefore, the correct form would be:

3 اللاعبون ذهبوا إلى الملعب

4 الولدان خرجا مع أبيهم إلى السوق

Non-human plurals

1 سافرنا إلى المناطق الجميلات في المغرب

2 كان هناك دول غني وكبير

The above sentences violate the Arabic non-human grammar rules. In Arabic, non-human plural nouns behave like feminine singular nouns in all respects. Therefore, the adjectives which follow non-human plurals should be singular feminine. The same applies for verbs which precede non-human plurals. The correct form for the above sentences would be:

3 سافرنا إلى المناطق الجميلة في المغرب

4 كانت هناك دول غنية وكبيرة

كان and its sisters

1 كان الفندق كبير ومريح

2 أصبح النجم منير

The errors in the two above sentences consist of violating the grammatical function of كان and أصبح. When كان and its sisters are introduced to a nominal sentence, the subject of that sentence is always in the nominative case, while the predicate is in the accusative case. The correct form for the above sentences would be:

3 كان الفندق كبيرا ومريحا

4 أصبح النجم منيرا

✓ *A* — أ ادخلوا كان وأخواتها على مايلي:

Use كان and its sisters in the following nominal sentences.

1 الثوب قصير

....

2 البيت نظيف

....

3 الولد نشيط

....

4 الحاكم عادل

....

5 الرجل متعب

....

6 المريض متألم

....

Numbers and nouns

1 أكلنا في ثلاث مطاعم

2 والتقينا بخمسة بنات من فرنسا

The above sentences violate the number/noun agreement. The numbers in the above examples should be used in opposition to the nouns they precede. Arabic grammar rules state clearly that numbers from 3 to 10 are used in opposition to the counted items; if the counted noun is masculine then the number should be feminine and if the counted noun is feminine then the number should be masculine. It should be mentioned here that the nouns should be in the plural. The correct form for the above sentences would be:

3 أكلنا في ثلاثة مطاعم

4 والتقينا بخمس بنات من فرنسا

✓

B	ب اتمموا الجمل التالية بوضع مابين قوسين بالشكل المناسب
Use the material in brackets to complete sentences.	

1 في الأسبوع__________. (7 يوم)

2 عندها__________. (3 أخ)

3 حضرت__________. (2 محاضرة)

4 أستاذتي تتكلم__________. (4 لغة)

5 في مدينتنا__________. (6 جامعة)

6 زرت__________. (3 منطقة)

أنْ

1 قبل أن الذهاب إلى المقهى

2 غير أننا لن زرنا هذا البلد

In formal Arabic أن is used with **المضارع** and it takes a form called **المضارع المنصوب**. In unvocalised texts, you will not notice anything different about **المضارع** المنصوب, except when it is preceded by the following pronouns: أنتِ – هما- أنتما - انتم - هم. أن should not be followed by a gerund as in the above sentence. In the second sentence لن cannot be followed by a past tense. لن is followed by a present tense to negate the future. Therefore, the correct forms for the above sentences would be:

3 قبل أن نذهبَ إلى المقهى

4 غير أننا لن نزورَ هذا البلد

أفعل التفضيل

1 أكبر وأشهر مسافرين

2 كنت الأسعد رجل في العالم

When إسم التفضيل is followed by a plural noun that noun should be definite. When the إسم التفضيل precedes the noun, it should take the form of **أفعل** or **فعلى**. The correct form for the above sentences would be:

3 أكبر وأشهر المسافرين

4 كنت أسعد رجل في العالم

C	ج حوّلوا حولوا ما بين قوسين إلى إسم تفضيل ثم أتمموا الجملة التالية:

Complete the following sentences with the appropriate **إسم تفضيل** *by rewriting the material in brackets.*

1 سبويه من __________ ________ (قديم ، نحوي) في العالم العربي.

2 لندن __________ ________ (واسع ، مدينة) في بريطانيا.

3 سعيد من __________ ________ (نشيط ، استاذ) في البلد.

4 مها __________ ________ (جميلة ، بنت) في بلدتنا.

5 أصدقائي من __________ ________ (ماهر ، طالب) في قسمنا.

6 سوق الحميدية في دمشق من __________ ________ (سوق ، مشهور) في العالم العربي ،

7 جامعة ليدز من __________ ________ (جامعة ، ضخم) في بريطانيا ،

8 ماهو __________ ________ (مكان ، مريح) في مصر؟ ،

9 هل سبق أن تسلقت __________ ________ (جبل ، عالي) في العالم؟ ،

10 هذا (طالب ،ذكي) في مدينتنا.

Prepositional errors

1 سألتحق في الجيش عندما اتخرج بالجامعة

2 أريد الحصول في شهادة الدكتوراه

The above sentences contain prepositional errors. As in English, some Arabic verbs are followed by prepositions. There are no specific rules as to which preposition should follow which verb. Learners become familiar with the verbs and their prepositions through constant practices. The correct forms for the above sentences would be:

3 سألتحق بالجيش عندما أتخرج من الجامعة

4 أريد الحصول على شهادة الدكتوراه

أكملوا الفقرة التالية باستخدام الحرف المناسب:

Fill in the blanks with the appropriate preposition.

بـ	مع	على	بـ	لـ

أدلى الرئيس الليبي ------- خطاب نوه فيه ------أهمية الخطوة التي اتخذتها إدارة الولايات المتحدة الأمريكية -------- استئناف العلاقات الدبلوماسية -------- بلاده. واعتبر ذلك خطوة مهمة نحو بناء علاقة وثيقة تعتمد -------- التعاون بين البلدين. ويعد ذلك عهدا جديدا يتم فيه طي صفحة الخلافات وفتح عهد الحوار والدبلوماسية. ويذكر أن العلاقات الدبلوماسية الليبية /الأمريكية انقطعت حوالي 20 سنة.

إن and its sisters

إنّ الولدان مجتهدان

This sentence contains a grammatical error. The subject of إن should be in the accusative not nominative case. إنّ comes at the beginning of a clause or sentence. The subject of إنّ is always in the accusative case while its predicate is in the nominative case. إنّ cannot be followed by a verb. The student in the above example seems to have violated the rule of إنّ and its sisters. The correct form should be:

إنّ الولدين مجتهدان

الولدين is the subject of إن; **مجتهدان** is its predicate and it is the nominative dual case.

D	ادخلوا إن وأخواتها على الجمل التالية د
Use إنّ and its sisters to complete the following sentences.	

1 الجو ممطر اليوم

....

2 المعلمون غائبون اليوم

....

3 الطالبات المجتهذات عبّرن عن ارتياحهن للمحاضرة

....

4 الأصدقاء الجدد متفائلون

....

✓ | E

هـ حوّلوا الجمل التالية إلى المثنى

Use the following sentences in the dual form.

1 إن الطالب الذكي مريض.

....

2 ليت الصديق الوفي حاضر معنا اليوم .

....

3 كأن الوزير رئيس مؤقت.

....

4 كاد المتنافس أن يفوز أمام خصمه.

....

5 لعل الطبيب موجود.

....

6 ليت المسافر المريض يعود إلى وطنه.

....

7 إنّ اللاعب مرهق طوال الوقت بعد المباراة.

....

8 لعل النّجم لامع.

....

المضارع المجزوم

1 لم يذهبون إلى المدرسة بسبب الإضراب

2 إن تعملين جيدا تنجحين

The above two sentences contain two main grammatical errors. The verbs in the above sentences are in the jussive mood because they are preceded by إن and لم. When the present tense is in the jussive mood, the sign at the end of the verb will be Sukun ending (°).

If the present tense verb is in the form of one of the five verb groups, the jussive mood sign will be the omission of the (ن). Therefore, the correct form will be:

1 لم يذهبوا إلى المدرسة بسبب الإضراب

2 إن تعملي جيدا تنجحي

F و

Negate the following sentences using لن ،لا ،لم or ليس.

1 زوجي يتكلّم اللُّغة العربيّة الفصحى.

2 غضبت زوجته بسبب تأَخّره.

3 سنبقى في المكتبة وقتا طويلا.

4 لي أَصدقاء كثيرون في الجامعة.

5 سافر عادل إلى بلده الصَّيف الماضي.

6 في هذه المدينة فنادق كثيرة.

7 سأَذهب إلى السينما غدا.

8 والدي يساعد والدتي بشغل البيت.

استعمال قد

The use of قد can at times be confusing for students. This is because it has different meanings in different contexts.

تكون حرف تحقيق أي تحقيق وقوع الفعل أو توكيده إذا سبقت الماضي did, has done

1 قد حضر الغائب

2 قد نجح الذكي

قد + المضارع: تشير إلى احتمال وقوع حدث في المستقبل may/might/perhaps

1 قد ينجح الكسول

2 قد يفوز الفريق

3 قد يزور الصديق

4 قد تصدّقني وقد لا تصدّقني

كان+ قد + الماضي had done

1 في الوقت الذي وصلنا فيه إلى البيت ، كنت قد غيّرت رأيي نهائيا

2 لما قابل المحامي المتّهم ، كان رجال الأمن قد استجوبوه ساعتين.

و+ قد + الماضي = جملة الحال having done

1 غادرت البلد وقد أدركت أن الإبقاء على العلاقة أصبح مستحيلا

2 رجع ابن بطوطة إلى المغرب وقد زار معظم البلدان....

اعطوا مثالا تكون فيه:

1 قد + ماضي

....

....

2 قد+ مضارع

....

....

3 كان+ قد+ الماضي

....

....

4 و+ قد + الماضي

....

....

Errors of expression

Errors of expression arise from students' inability to express themselves using the appropriate language structure and vocabulary. It is often remarked that one of the causes of errors of expression is native language interference.

1 يدخل الصف الصحيح لعمره

The above example clearly shows native language interference. The learner in this example provides a word-for-word translation of the English sentence, 'Join the right class for his age', which has affected the Arabic sentence structure and meaning. The correct form would be:

سيلتحق بالصف المناسب له.

Errors of vocabulary

Because of interference of their native language, students often confuse words or use the wrong word.

1 التحقت بالجامعة لتعليم اللغة العربية

2 حين اوصل إلى مكة المكرمة

The student here has chosen the wrong word to express his/her meaning:

1 التحقت بالجامعة لتعلم اللغة العربية

2 حين أصل إلى مكة المكرمة

Because Arabic is semantically rich, learners of Arabic often confuse different lexical items. Students are advised to consult their dictionaries to ensure they are using the right and accurate usage of lexical items.

✓ د صحّحوا الأخطاء في الجمل التالية G

Correct the errors in the following sentences.

Grammatical errors

الصواب	الخطأ
	كان الفندق كبير ومريح
	من صعب أن أعتبر
	أرسل لي أخبارك في رسالة إذا عندك الوقت
	قضيت سنة الماضي في جمهورية مصر
	منذ خرجت
	ألف ليلى وليلى
	ولكن عندي صحة جيدة
	كان رحلتي في بوربو بعيدة وممتع ولكن رغم صعوبته........
	بالاضافة إلى ثلاث مطاعم
	بين السورية والمصر
	الناس هنا مشغول

	في هذه مرحلة من حياتي
	أقرر بين الثلاث أفكار
	المشروع ليس واضح
	وأصبحت حياتي سهلا
	اعتدت أن حياة في بلد جميل
	وأريد أن أزور بلدان مثل الهند...
	سأنتهي دراساتي الجامعية
	السنين العشر الأول من عمري
	فسأكسب المال الكافية
	أحلام كثيرا في رئسي
	البلدان الأوروبيين
	أصدر كتب كثيرا على موضوعات مختلفين
	يعتبر هذا الهرم الأشهر من الأهرام
	ولكن لم أهتمت
	كانوا مستعدون
	أن هناك المعارك الكثيرا
	أجد أن الوالدان
	وكذلك تبادل الفكرات والآراء
	مادام الناس يحمي أطفالهم
	فكان المواطنين
	في أياد كبار التجارة
	فصحى لغة القرآن
	أكثر من واحدة لغة
	ونمو الإقتصاد الصين
	عندنا أطفال لا يتكلم كلمة واحدة
	الذين يتكلم بالعامية
	تعلم اللغات يساعد ان نفهم
	في الجامعة ليدز التقي بالنساء
	كنت الصيف مشغول
	أتمنى أن عطلتك كانت ممتاز
	وبالنسبة لي فهذا الرحلة كانت أحسن رحلة
	قرأت كتب كثيرا واستمتعت بهذه الصيف
	وبالآخر سلمني رقم الهاتف
	سأسافر شهر القادم
	كان انجلترا جيدا وجميلا
	الأماكن مشهورة وسياحية
	كانوا كل الناس
	تحية طيب

	ابتسم ابتساما كثيرا
	قمنا ببعض حفلات موسيقية
	كنت أحب المغامرات والسفور إلى أماكن التي..
	الأطعمة المختلفة التي ما أكلت من قبل
	البلد التي أريد أن أزورها
	وأعلم أنه من ضروري السفر
	أمضي شهر أو شهرين
	حيث يسكنون أقاربه
	أقضي أسبوع
	... لأنهما يحتفلون بعيد الميلاد
	لأنهم مجبورين على
	وفي اليوم السبت
	تساعد أباها مع الشغل
	في يوم من الأيام في سنوات الماضي
	كان يعيش شابا
	يريد أن يفعل الحج
	ازدادت حبها له
	طوال المحاضراتي
	ساعدت على تربية كلنا
	أكبر وأشهر مسافرين
	درس القانون المسلمين
	عهد الخليفة الأولى
	أن عمل المدرسون
	أكتب نص عن
	ساعدت على تربية كلنا
	أكبر وأشهر مسافرين
	درس القانون المسلمين
	عهد الخليفة الأولى
	أن عمل المدرسون
	أكتب نص عن
	للحصول على التعليم الجامعية
	بعد حوالي عشر سنة
	بأمل أن الصيطرة آبار النفط العراقية
	البترول هو أكثر وقود مستخدم في العالم
	كان النفط من أهم السلعة الإقتصادية
	في تحديد سعر القوات
	كان هناك دول غني وقوي

161

	فكانت شئ جديد لي
	وجهني المشاكل في المغرب
	أوقفوا الجنود السيارة
	الطبقة الوسطى والطبقة العمال
	ينتمي في العصور الوسطى

Prepositional errors

	أتمتع على الدراسات العربية
	سافرت مدينة لندن
	انشاء مراكز الإجتماعية التي تشجع الإدماج
	وبالآخر سلمني رقم الهاتف
	أين ذهبت إلى للعطلة
	عملت على مزرعة
	قررت بدراسة اللغة العربية
	وصلنا في القاهرة
	تستيقظ عائلتي من الساعة السادسة صباحا
	عندما كنت أصغر من عمري
	عندما تواجهي بالمصريين
	وكذلك أرغب إلى العودة إلى المغرب
	هذا المشكلة لازالت حاضرة في زمن طويل
	بقية الوقت سأقضي بعائلة صديقي
	فسأكسب المال الكافية
	لعيد رأس السنة سأذهب إلى....
	استمر بطلب العلم
	ونهاية سأركز في اختلافات التي سنراها
	أبدأ بقول
	فيما يتعلق الحدود والمسافرة
	سأركز في آمال
	أن هناك المعارك الكثيرا

Errors of spelling

	في الشرق الأوصط
	المناطق الريفية الخصيبة الخلابة
	الناس يعيسون في الرياض
	لم أستطع أصتخدم المواصلات
	في الأسبوع القاديم

	وبنسبة لي ....
	ذهبنا إلى السواق واشترت ملابس
	عيد الفتر
	يعطي نظرة عامة عن الاصطضام بين الشرق والغرب
	% من احطياطي
	بأمل أن الصيطرة آبار النفط العراقية
	ومن ناحية أخرى تبعا
	سألوني اسالة عديدة عن أسباب
	هذه بعض المشاكل وجهتها عندما سفرت إلى مصر
	وفي اسبانيا عملت في الجمعيات التي تساعد المتاجين
	فلقد كانة الناس يعانون من في تدهور...
	مبادئ أساسية في أي متجمع من المجتمات
	هو أن تلعب اللغة دورا مهما في حياتنا
	سافرنا معا في الأندلوس
	فكرت أنها الطاريق إلى وظيفة عالية

Errors of expression

	أريد أن أعطي وجهة نظري لجواب إلى الأسئلة
	هذا طريقة التفكير الخطأ
	دخلت علي مشاكل
	أود أن أغلب التحديات
	وزملاء جدد من طوال العالم
	و اخر ما سوف أتحدث عنه
	في الجامعة ليدز التقي بالنساء
	كنت الصيف مشغول
	ألحقت نفسي بالعمل
	كنت الرجل أسعد في العالم
	...رحل عن الحج إلى مكة

Appendix 2: Expressions in Context

الضربات الإستباقية pre-emptive strike
أدت أحداث الحادي عشر من سيبتمبر إلى لجوء الولايات المتحدة إلى نظام **الضربات الإستباقية**

ضربة قاضية heavy blow
انسحب الملاكم من البطولة بعد تلقيه **ضربة قاضية**

هجوم شامل full-scale attack
شنت القوات الأمريكية **هجوما شاملا** على العراق

خسائر فادحة heavy losses
عرقل الإعصار حركة النقل والتنقل في المدينة وخارجها وترتبت عنه **خسائر فادحة** شملت المدينة وأهلها.

رياح عاتية violent storms
صاحب الإعصار أمطارا غزيرة **ورياحا عاتية** مما أدى إلى انهيار بعض المباني والمنازل.

إخماد التوتر lessen/reduce tension
قامت القوات العراقية **بإخماد حدة التّوتر** بين الشيعة والسنة

موجة من الغارات waves of raids
شنّت قوات التحالف **موجة من الغارات** على أفغانستان

معسكر تدريب training camp
قصف **معسكر تدريب** للقاعدة في أفغانستان

ألحق خسائر بـ inflict losses with
ألحق الحصار الإقتصادي على البلد **خسائرا** كبيرة بالبنية الإقتصادية للبلد

رحى الحرب the war
دارت **رحى الحرب** بين الولايات المتحدة وحركة طالبان

إعدام رميا بالرصاص execution by firing squad
طلب من سجانيه **إعدامه رميا بالرصاص** بدلا من شنقه

حكم عليه بالإعدام sentence to death
حكم على صدام حسين **بالإعدام** شنقا

اندلاع حرب eruption of war
رفضت روسيا هذه الخطوة خشية **اندلاع حرب** جديدة

استخدام القوة use of force
يخوّل هذا القرار **استخدام القوة** في حال فشل المباحثات الدبلوماسية

ساد covered
سادت أعمال العنف مدينة بغداد؛ **ساد** الفساد الحكومة.

تضارب- يتضارب – تضارب (الأفكار /الأنباء) conflict
تضاربت الأنباء حول اعتقال مدبر عملية الاغتيال.

لم تقتصر..... على .... بل ... not confined to … but …
لم تقتصر أعمال العنف **على** العاصمة فقط **بل** امتدت لتشمل مدن أخرى

دمّر- يدمر – تدمير destroy
دمّر جيش العدو البنايات الحكومية.
العبث بـ:
لا يسمح **العبث** بأمن واستقرار البلد.

خضع لـ (المساءلة / المحاكمة /البحث / عملية جراحية / لفحص طبي) subject to
خضع المتهم للمساءلة في مخفر الشرطة

استخدم (القنابل المسيلة للدموع / الآليات العسكرية) use of
استخدمت الشرطة **القنابل المسيلة للدموع** في مواجهة الحشود الغاضبة
أصيب بـ (مرض مزمن / جروح خطيرة /نكسة قلبية / أزمة سياسية)
أصيب الجندي **بجروح** خطيرة أثناء مواجهة العدو

توخي (الحذر / الانزلاق في العنف / الكذب / الفوضى) be cautious
دعا الرئيس الشرطة إلى **توخي الحذر** في التعامل مع المتظاهرين

الجدل يستعرّ debate raged
بدأ **الجدل يستعرّ** حول كيفية وقف أحداث العنف والشغب

التهمت النيران consumed by fire
التهمت النيران السيارات والحافلات

فرض حظر التجول impose a curfew
فرضت الشرطة **حظر التجول** في المدينة

أوقع قتلى cause death
أوقعت الهجمات **قتلى** وجرحى في صفوف المدنيين

عاد الهدوء calm returned
عاد الهدوء نسبيا إلى المدينة بعد خطاب الرئيس

فتح النار على open fire
فتحت عناصر الشرطة **النّار على** المتظاهرين

على قارعة الطريق on the open road
وجد الشاب مغميا عليه **على قارعة الطريق**

الإطاحة بنظام oust a regime

عرفت مدينة بغداد أعمال النهب والسرقة وإضرام النيران في أنابيب النفط بعد **الإطاحة بنظام** صدام حسين

تقريب الهوة bridge the gap

يحاول المفاوضون **تقريب الهوة** السياسية بين أمريكا وإيران

طاول ..... ضحايا cause casualties

طاولت الهجمات **ضحايا** من المدنيين العزل

برّا وبحرا by land and sea

هاجمت القوات الأمريكية العراق **برّا وبحرا**.

جروح خطيرة life-threatening injuries

أصيب الجندي **بجروح خطيرة** في رأسه

جروح طفيفة minor injuries

أصيب السائق **بجروح طفيفة** خلال حادث سير

نقدا لاذعا severe criticism/sharp criticism

وجّه وزير الخارجية الإيراني **نقداً لاذعاً** لبوش على سياسته الخارجية

محاولة إنقلاب فاشلة thwart an assassination attempt

استغلت المعارضة ضعف الرئيس السياسي فقامت **بمحاولة إنقلاب فاشلة**

وقود دورة العنف fuel the cycle of violence

هؤلاء **وقود دورة العنف** والتطرف

اكتسح storm

اكتسح الجيش القرى والمدن الأفغانية

تكبّد خسائر to sustain losses

تكبّد الجيش **خسائرا** فادحة في الأرواح والعتاد

إطلاق سراح release/set free

دعا مجلس الأمن إلى **إطلاق سراح** كل المعتقلين خلال الحرب

مقابر جماعية mass graves

تمّ العثور على **مقابر جماعية** في ضواحي بغداد

نزع الأسلحة disarm

أصدر مجلس الأمن قراراً ينصّ على **نزع أسلحة** حزب الله

دروع بشرية human shield

استخدم صدام حسين الأسرى الكويتيين **كدروع بشرية**

to threaten **تهدّد**
تهدّد الحركات المسلحة أمن واستقرار البلد

clashes have erupted **إندلعت إشتباكات**
اندلعت اشتباكات بين الجيشين عند الحدود

subdue fire **إخماذ النيران**
اقتحمت قوات محاربة الشغب الملعب **لإخماذ نار** العنف

conflicting news **تضارب الأنباء**
تضاربت الأنباء حول خبر مقتل الرئيس

inflict harm **ألحق ضررا**
ألحق الطوفان الذي ضرب آسيا **أضرارا** بالبنى التحتية

to target **استهدف**
استهدف القصف أبراج مراقبة العدو

wage a war on شنّ حربا
شنّت الولايات المتحدة الأمريكية **حربا على** أفغانستان أعقاب هجمات الحادي عشر من سبتمبر

to unleash a war **أطلق حربا من عقالها**
بعد فشل المفاوضات **أطلق** أحد الطرفين المتنازعين **الحرب من عقالها**

to wish/to hope **يأمل في**
يأمل الجميع **في** حل سلمي لقضية البرنامج النووي الكوري

to enjoy **حظى بـ**
حظي الرئيس **بدعم** شعبه في الإنتخابات العامة

the prospect of **خيّم شبح**
خيّم شبح الحرب على العراق على المؤتمر الأوروبي

driving force **قوة دافعة**
تعدّ الولايات المتّحدة **قوة دافعة** في الشرق الأوسط

protective measures **إجراءات وقائية**
قامت السلطات اليابانية **بإجراءات وقائية** لمساعدة المتضرّرين من شدّة الإعصار

official verdict **حكم رسمي**
صدر حكما رسميا عن المحكمة يقضي بإعدام صدام حسين شنقا

express **عبّر عن**
عبّر الاتحاد الأوروبي **عن** رفضه الحكم بالإعدام على صدام. فيما أشادت الولايات المتحدة به.

إيرادات النفط oil revenues
ترتفع إيرادات النفط الفرنسي بالثلث

المساعدات المقدمة provided aid
بلغ حجم المساعدات المقدمة من الشعب البريطاني إلى ضحايا تسونامي 150 جنيه استرليني

محاربة الفقر combating poverty
تعهدت منظمة التنمية والتعاون الإقتصادي بمحاربة الفقر في افريقيا

أرباح طائلة staggering profits
حققت الشركات الأمريكية أرباحا طائلة في العراق

انتهاكات حقوق الإنسان breaches/violation of human rights
أعلنت منظمة حقوق الإنسان انتهاكات في اقليم دارفور وطالبت المجتمع الدولي بالتدخل لتحسين الأوضاع

التصدي إلى encounter/fight
دعا رئيس الوزراء البريطاني بلير المسلمين في بريطانيا إلى التصدي لكل أشكال الارهاب

ساد الظلام plunge into darkness
ساد الظلام عقب انقطاع الكهرباء في المدينة

سقوط ضحايا fall of victims
أدت الهجمات إلى سقوط ضحايا من المدنيين العزل

تعرض لـ subject to
تعرض السجناء العراقيون للتعذيب في سجن أبو غريب

مصادر موثوقة reliable sources
صرحت مصادر موثوق بها أن الرئيس في حالة مرض مزمنة

تأييد واسع wide support
يشهد حزب العمال البريطاني تأييدا واسعا بين الطبقات الفقيرة

تراجع في الشعبية a decline in popularity
تراجعت شعبية بلير بعد شنه حربا على العراق

تزوير الانتخابات vote-rigging
إندلعت مظاهرات عنيفة في كينيا إحتجاجا على تزوير الإنتخابات

تعزز سياساتها strengthen policies
قامت بريطانيا بتعزيز سياستها الخارجية

تلميع الصورة improving the image
تحاول الولايات المتحدة الأمريكية تلميع صورتها في العالمين العربي والإسلامي

سلسلة من الاقتراحات series of suggestions
قدم مجلس الأمن **سلسلة من الإقتراحات** للأطراف المتنازعة لحل الخلاف بينهما

الجهود المبذولة exerted efforts
رغم **الجهود المبذولة** لإنقاذ المشردين إلا أن حوالي 30 لايزالون في عداد المفقودين

الخيار الأخير the last option
أعرب رئيس الولايات المتحدة الأمريكية أن العمل العسكري ضد إيران يعدّ **الخيار الأخير**

فاز فوزا ساحقا win a landslide victory
فاز حزب العمال **فوزا ساحقا** على نظيره المحافظ

قنوات دبلوماسية diplomatic channels
تمّ إعادة إنشاء **القنوات الدبلوماسية** بين ليبيا والعالم الغربي بعد إعلان ليبيا تخليها عن برنامجها النووي

المستقبل القريب the near future
عبّر الأمين العام للأمم المتحدة عن نيته زيارة الشرق الأوسط في **المستقبل القريب**

معالجة الثغرات filling gaps
قام دبلوماسيو البلد **بمعالجة الثغرات** السياسية القائمة بين البلدين

ينتهك الميثاق breach the charter
اعتبرت بعض الأوساط الدولية أن الحرب على العراق **انتهكت الميثاق** الدولي

طفرة أسعار soaring prices
عرفت أسعار النفط **طفرة كبيرة**

مصدر وحيد only source
تعتمد السعودية على إيرادات النفط **كمصدر وحيد** للإقتصاد

استحوذ على monopolise
استحوذت الشركات الكبرى **على** مشاريع النفط العراقي

وتيرة النمو growth
تعرف **وتيرة النمو** الإقتصادي الصيني ارتفاعا في السنوات الأخيرة

مرتجف النبرات trembling voice
حكى قصته المخيفة لأصدقائه وهو **مرتجف النبرات**

فقر مدقع abject poverty
يعيش آلاف الناس في **فقر مدقع** في افريقيا

قارعة الطريق middle of the road
اصطدمت السيارة المارة **بقارعة الطريق**

to ravage the earth **يعيث في الأرض**
هذا الحاكم **يعيث في الأرض** فسادا

the first phase of the preliminary talk **المرحلة الأولى في المحادثات التمهيدية**
اتفق الطرفان على وقف الحرب في **المرحلة الأولى من المحادثات التمهيدية**

populous **آهلة بالسكان**
هذه القرية **آهلة بالسكان** الأجانب

satisfy the need for **سدّ حاجة**
تسد الزراعة **حاجة** أغلب الناس في المغرب

exceed **أفرط في**
أفرط الشاب **في** شرب الخمر

hold responsible **حمّل مسؤولية**
حمّل وزير الداخلية الفرنسي الأقليات الفرنسية **مسؤولية** أعمال الشغب في ضواحي باريس

under the auspices of**تحت سمع وبصر**
غزت الولايات المتحدة العراق **تحت سمع وبصر** المجتمع الدولي

turn a blind eye to **غضّ الطرف عن**
غضّ الأستاذ **الطرف** عن الخروقات التي تجري في صفه

stop violations **اعتراض التجاوزات**
اعترضت الشرطة كمية كبيرة من المخدرات تمّ تهريبها إلى البلد

compensate for**تعويض الخسائر**
عوضت الحكومة الفلاحين على **الخسائر** التي لحقت بمحاصلهم الزراعية نتيجة الفيضانات التي ضربت البلد

supervise the implementation of the resolution **يشرف على تطبيق القرار**
يشرف مجلس الأمن **على تطبيق** كل **القرارات** المتعلقة بالسلم والسلام

investigate **أجرى تحقيقا في**
أجرت الحكومة **تحقيقا في** قضية تسريب وثائق سريّة

give an opinion أدلى برأي
سأدلي برأيي في هذه المحاضرة القيمة

examine a situation **نفحص موقف**
ولنفحص موقف أمريكا من سياسة المحافظة على البيئة

the lesson from **العبرة من**
والعبرة من هذا كله هو أنها لم تعد تتأخر عن عملها

السؤال الذي يشغلنا the question which occupies us
والسؤال الذي يشغلنا هنا هو هل يمكن الحد من الهجرة خارج البلد

اللبنة الأساس milestone
تعتبر تربية الأجيال الناضجة اللبنة الأساس لتقدم وتطور أي بلد

لا ناقة لـ .... فيها ولا جمل have no interest in
حضر المحادثات بين الطرفين والتي لاناقة له فيها ولاجمل.

شوّه وجه الحقيقة distort the truth
شوّه المتّهم وجه الحقيقة أمام المحكمة

جزء لايتجزأ من part and parcel of
الديمقراطية جزء لايتجزأ من المبادئ الغربية

في غاية الأهمية of utmost importance or urgency
يعتبر هذا الموضوع في غاية الأهمية بالنسبة للطلاب الجدد

دون قيد أو شرط unconditionally
دعا مجلس الأمن الدولي الأطراف المتنازعة إلى قبول الإتفاقية بدون قيد أو شرط

إلقاء الضوء على shed light on
ألقى المحاضر الضوء على عملية السلام في الشرق الأوسط

نفس القدر من the same degree/level of
أصدقائي لهم نفس القدر من المعرفة

من الطراز الأول of first-class quality
يعتبر التمر الجزائريّ من الطراز الأول في العالم العربي

حسب الظاهر in outward appearance, externally
الظاهر أنه هاجر وتركها لوحدها

من عجائب الأمر أن the remarkable thing is that
من عجائب الأمر أنها سافرت ولم تودّع صديقاتها

ضرب به عرض الحائط reject something/undervalue
ضرب/ألقى الوزير بالإتفاقية عرض الحائط

لحاجة في نفس يعقوب for some unknown reason
قام بهذا العمل الخيري لحاجة في نفس يعقوب

رأسا على عقب head over heels
لم يفهم الدّرس جيّدا وقلب الأمور رأسا على عقب

chronic disease مرض مزمن
أعفى الرئيس وزيره من منصبه نظرا لمرضه المزمن

to make up one's mind to do something عقد العزم (العزيمة) على
بعد صداقة طويلة عقد الطرفان العزم على الزواج

all over the world من كل أنحاء المعمور
يتوجه الحجّاج إلى مكة المكرمة من كل أنحاء المعمور

give free rein to أطلق العنان لـ
أطلق العنان لطلابه فأصبحوا لايحترمون صفّه

helpless مغلوب على أمره
هذا الرجل مغلوب على أمره فهو لايستطيع فعل أي شئ

to be valid/effective ساري المفعول
أصبحت الإتفاقية ساريّة المفعول بعد التوقيع عليها من كل الأطراف

to eavesdrop/to monitor استرق السمع
مهمة هاذ الولد هو استراق السمع

to join forces with someone وصل اسبابه بأسبابه
وصلت الولايات المتحدة أسبابها بأسباب بريطانيا في حربها على العراق

relations between … are broken off تقطعت الأسباب بين
تقطعت الأسباب بين البلدين بعد أسر الجنديين

more than necessary زائد عن الحاجة
كل ما قامت به فهو زائد عن الحاجة

before breakfast على الريق
بدأ عمله باكرا على الريق

untiring (in speaking)/he talks incessantly لايجف له ريق
هذا الرجل يتحدث في أي موضوع فهو لايجف له ريق

the status quo الحالة الراهنة
عبّر المجتمع الدولي عن استيائه للحالة الراهنة في العراق

at someone's beck and call رهن الإشارة
إذا احتجت شيئا فأنا رهن الإشارة

pending investigation رهن التحقيق
يبقى المجرم رهن التحقيق حتى تظهر الحقيقة

على الرغم من أنفه against his will
استطاع أن يحظر الإجتماع **على الرغم من أنف** صديقه

اتخذ خطوة حاسمة take a decisive step
اتخذت الأمم المتحدة **خطوة حاسمة** في التعامل مع كوريا الشمالية

خطر الأمر على باله occurred to him
لم يخطر على بالها أن اليوم هو يوم عيد ميلاد زوجها

خصّ بالذكر to make special mention of someone/something
مدح المدير مجهودات أساتذته و**خصّ بالذكر** أساتذة اللغة الإنجليزية

خشع ببصره to lower one's eyes

خطّ خطا (سطرا) to draw a line at something
بعد مفاوضات شاقة خطّ الطرفان خطا تحت القضية

حامت الشبهة ضده he was suspected
بعد تحرّ كبير في قضية إغتيال الرئيس **حامت الشبهة ضد** وزير داخليته

نقطة تحول turning point
يعتبر زواجه بها **نقطة تحول** في حياته الشخصية

لاحولة له ولا حيلة to be completely powerless/be able to do nothing
حاول مساعدة أخيه للحصول على الشهادة لكن **لاحولة له ولاحيلة.**

أخذ الحيطة take precautions/to be on guard
طلب الأب من إبنه **أخذ الحيطة** من قطاع الطرق خلال سفره عبر الصحراء

محل نظر deserving attention
يبقى طرحه **محل نظر** في المستقبل

تتحلب له الأفواه to make your mouth water
هذا الطعام **تتحلب له الأفواه**

أهل الحل والعقد influential people
يعتبر أبوه من **أهل الحل والعقد** في المجتمع المغربي

حلّ محل to replace
حلّ الوزير **محل** رئيس الوزراء

رجع إلى حافرته to revert to its original state

قبّله بالأحضان receive someone with open arms
قبلته عائلته **بالأحضان** عندما رجع إلى بلده بعد فراق طويل

to take someone in arms **أخذتني بين أحضانها**
استقبلتني استقبالا حارّا في المطار و**أخذتني بين أحضانها**

halt/make a stop **حط الرحال**
حطّت القافلة **الرحال** في القرية المجاورة

from everywhere **من كل حدب وصوب**
يزور الحجاج البيت الحرام **من كل حدب وصوب**

pay no attention to **لم يلق بالا لـ**
لم يلق بالا لنصيحتي التي وجهّت إليه الشهر الماضي

hardly attainable **بعيد المنال**
الثراء حلم **بعيد المنال**

to go up in smoke **ضاع هباء منثورا**
ضاعت كل مجهوداته **هباء منثورا** بعد فشل فريقة في التأهل إلى الأدوار النهائية

on the point or verge of (doing something) **على وشك أن**
أفاد تقرير حول الحيوانات والبيئة أن بعض الحيوانات **على وشك** الإنقراض

welcome! **على الرحب والسعة**
لم يزرهم منذ زمن طويل لهذا رحبوا به **بالرحب والسعة**

unexpected **على حين غرّة**
هاجمهم العدو **على حين غرّة**

incomparable **منقطع النظير (ليس لم مثيل)**
هذا الجهاز الكلاسيكي **منقطع النظير**

he goes to the point of **انتهى الأمر به**
انتهى الأمر به إلى درجة التفكير في الإنتحار

extremely ...... **متناه في**
لم يسبق لي أن رأيت رجلا **متناه في** الكرم مثله

to strengthen one's side **عزّز جانب**
عزّز الجيش جانبه الدفاعي والهجومي بمعدات حربية حديثة

in broad daylight **واضحة النهار**
سرقوا مكتبه في **واضحة النهار**

well-known/famous **ذائع الصيت**
هذا المغني يعرفه الكل فهو **ذائع الصيت** في العالم العربي

دليل قاطع conclusive evidence
يحتاج المتهم إلى **دليل قاطع** لإقناع المحكمة ببراءته

مرغوب فيه desired/wanted
الأكلات العربية **مرغوب فيها** بكثرة

تبوأ العرش to ascend the throne/accession to the throne
تبوأ الأمير **العرش** بعد وفاة والده

حذا حذو to imitate someone
حذا الإبن **حذو** أبيه في كل شئ

اختفى عن الأنظار disappear from sight
اختفى جاري **عن الأنظار** بعد اتهامه بسوء معاملة زوجته

زاد الطين بلة to make things worse/complicate
حضرت إلى الصف متأخرة ومما **زاد الطين بلة** أنها لم تقم بواجباتها المنزلية

تحت طيّ الكتمان under the veil/seal of secrecy
لازال مضمون حوارهما **تحت طيّ الكتمان**

مطأطأ الرأس with bowed head
رجع إلى بلده **مطأطأ الرأس** خجلا بعد خيبة أمله في الإمتحان السنوي الأخير

مزّق الشّمل to dismantle/dismember
مزّق شمل الإجتماع نظرا لأفكاره المعادية لكل الحاضرين

أطلق سراح to release someone/set someone free
أطلق سراح المتّهم بعد محاكمته العادلة

تتمثل في reflected in
تطور هذا البلد **يتمثل في** كثرة مصانعه ونشاطاته الصناعية

قلّ أن .... دون أن
قلّ أن يحقق الإنسان ما يصبو إليه **دون أن** يواجه عوائق

مثل يقتدى به a model to follow
يعتبر هذا الإنسان **مثلا يقتدى به** في مدينتنا

رويدا رويدا gradually
طوّر لغته **رويدا رويدا**

أغلب الظن most likely
أغلب الظن أنهم سيزورنا اليوم

استقر رأيه على decided on
بعد تفكير طويل في مكان قضاء عطلته استقر رأيه على مدينة مراكش

وضع نصب عينيه bear in mind
وضع المجتهد **نصب عينيه** نصيحة أستاذه الداعية إلى الإجتهاد

ليتسنى له in order to
وقف المسافرون في الطريق حتى يتسنى لهم أخذ قسط من الراحة.

لاسبيل إلى الرجوع no return to
أعلن الرئيس الجديد أن الديمقراطية هي الخيار الوحيد و**لاسبيل إلى الرجوع** إلى عهد البيروقراطية.

لعلّ أفضل مثل the best example
لعلّ أفضل مثل على الإجتهاد هو الحصول على الدرجة الأولى

قتل طموحه to end one's dream
قتل الصغير **طموحه** بالتسرب من المدرسة في سنّ مبكر

توسّل إلى to plead/beg
توسّل الإبن **إلى** أبيه أن يسمح له بزيارة صديقه في العطلة القادمة

رفع الستار عن to disclose/unveil
بعد ثلاثين عاما تمّ **رفع الستار عن** إسم مرتكب الجريمة.

ذهب سدى to be in vain
كل تعبه **ذهب سدى** بعد فشله في الإمتحان الأخير

أسدى .... خدمة to render someone a service
أسدى الصديق **خدمة** لصديقه

ردّ له الصاع صاعين / كال له صاعا بصاعين to pay someone back twofold
ساعد الأب إبنه خلال دراسته لكن عندما تخرج الأخير **ردّ له الصاع صاعين**

في عزلة عن secluded, segregated
بعد خصام مستمر مع أهله أصبح الولد يعيش **في عزلة عن** أهله

واسع النّطاق wide-ranging
هذا الكتاب يحوي مواضيع **واسعة النطاق**

دون قيد أو شرط unconditionally
طلبت الأمم المتحدة الأطراف الدخول في المفاوضات **دون قيد أو شرط**

أسباب ملفقة false excuses
أعطى المتهم أسبابا **ملفقة** لتبرير قضيته أمام المحكمة

حدّق في وجه to stare at
مررت بجانبه **فحدّق في وجهي** تحديقا جعلني أتساءل عن سبب ذلك

محفوف بالمخاطر fraught with danger
رفضت الإقامة في هذا المكان لأنه **محفوف بالمخاطر**

قطع شوطا عظيما make good progress
قطع الطالب **شوطا عظيما** في تعلمه اللغة العربية

المصلحة المشتركة joint interest
جاءت الإتفاقية بين البلدين لتعزّز **المصلحة** الإقتصادية **المشتركة** بينهما

ألقى القبض على to arrest
ألقت الشرطة **القبض على** المجرم

على المدى البعيد in the long run
سيحقّق هذا الطالب انجازا باهرا **على المدى البعيد**

الأصالة والمعاصرة tradition and modernity
جمعت مباني مدينة فاس بين **الأصالة والمعاصرة**

شدّ الانتباه attract attention
شدّت انتباهي المعالم التّاريخية الموجودة في سوريا

من حيث المبدأ in principle
لا أختلف معه **من حيث المبدأ** في رأيه حول العولمة

بالقدر الكافي sufficient
أحس عمال الإغاثة بالجوع ودعوا المراقبة بتزويدهم **بالقدر الكافي** من الطعام

ألقى نظرة على take a glance at
ألقى الأستاذ **نظرة** عابرة **على** الكتاب الجديد فشغف بمحتواه.

وجهان لعملة واحدة two sides of the coin
هذان الوزيران لايختلفان في تصرفاتهما نحو بعضهما البعض. فهما **وجهان لعملة واحدة.**

شاهد على witness for
تبقى الأندلس **شاهدا على** التاريخ الإسلامي في إسبانيا قبل قرون

عبء ثقيل على heavy burden
تعتبر هذه المهمة **عبئا ثقيلا على** كتفي الطلاب

يتولى شؤون presides over
يتولى وزير الخارجية **شؤون** العلاقات مع الدول الأخرى

to kill two birds with one stone **ضرب عصفورين بحجرة**
ضرب عصفورين بحجرة عندما زار بريطانيا مؤخرا. فقد حضر المؤتمر السنوي وسجل نفسه في برنامج الدكتوراه.

below the poverty line **تحت حد الفقر**
يعيش أهل دارفورد **تحت حدّ الفقر**

a point of interest **قبلة أنظار**
تظل مكة المكرمة **قبلة أنظار** الحجاج

to carry the torch for **نحمل الشعلة لـ**
إن دورنا يكمن في حمل شعلة العلم والتعلم إلى الأجيال الصاعدة

deviate from **حاد عن**
حاد المجتهد **عن** طريق الإجتهاد – حاد المؤمن عن طريق الصواب

train of thought **تسلسل الأفكار**
قاطع تسلسل أفكاري خلال محاضرتي الأخيرة في جامعته

tumble over **انكفأ على**
فقد توازنه وهو يسير على جدران البيت **فانكفأ على** وجهه أرضا

escape from the bonds of **انفلت من قيود**
انفلت السّجناء **من قيود** السّجّانين

engraved on my mind/entrenched in my mind **نقش في ذهني**
نقش صديقي **في ذهني** درسا عن الثقة في النفس

occupy one's mind **شغل بال**
لم **يشغل بالها** شئ سوى دراستها

his sole obsession **شغله الشاغل**
ظلّ عمله هو **شغله الشاغل** طوال حياته حتى توفته المنيّة

to take over (the reins of) government **تسلم مقاليد الحكم**
تسلم الأمير **مقاليد الحكم** بعد وفاة أبيه

to bet on the wrong horse **قامر على الجواد الخاسر**
هزم فريقه هزيمة نكراء فيبدو أنه **قامر على الجواد الخاسر**

by word and deed **بالقول والفعل**
لقد طبقت ما اتفقنا عليه السنة الماضية **بالقول والفعل**

to move heaven and earth/to make a stir **أقام الدنيا وأقعدها**
أقام الدنيا وأقعدها على مسائل بسيطة جدّا

قاموا قومة رجل واحد they rose to a man
قام أهل العشيرة قومة رجل واحد في مواجهة القانون الحكومي الجديد

قام على قدم وساق to become fully effective
ظلت اللجنة المنظمة قائمة **على قدم وساق** حتى انتهى المؤتمر الدولي

على قيد الحياة alive
لم أراها منذ زمن طويل أتمنى أنها لازالت **على قيد الحياة**

كشّر عن أسنانه to show one's teeth
كشّر الأسد **عن أسنانه** عندما رأى الحيوانات الأخرى بجانبه

قلبا وقالبا with heart and soul
اتفق معهم **قلبا وقالبا** في طرحهم الأخير

تقلب في وظائف عديدة he held numerous offices
للمدير الجديد خبرة ثرية فقد **تقلب في وظائف عديدة** قبل اعتلائه هذا المنصب

لم يلق بالا لـ didn't pay attention to
لم يلق بالا لنصيحتي فرجع إلى التدخين رغم مرضه

جازف بنفسه to risk one's life
جازف بنفسه عندما سافر عبر الصحراء لوحده

أخذ مجراه to take its course
رغم الحادثة التي سقط ضحيتها أناس كثيرون فقد **أخذت** الحياة **مجراها** الطبيعي من جديد

في أقل من لمح البصر in the twinkling of an eye
سرقوا بيتها **في أقل من لمح البصر**

حجة دامغة compelling evidence
أدلت الشرطة **بحجج دامغة** ضد المتهم

حجة باردة weak argument
رغم كل ما أدلى به أمام المحكمة فإن **حجته تظل باردة**

تبادر إلى ذهني it occurred to me
عندما رأيته **تبادر إلى ذهني** العمل الخيري الذي قام به خلال السنوات الأخيرة

شئ لايقبل أخذا ولا ردا an indisputable matter
أكد مجلس الأمن الدولي أن مطلب حقوق الإنسان **شئ لايقبل الأخذ ولا الرّد**

أجل غير مسمّى until further notice
أجل الأستاذ المحاضرة إلى **أجل غير مسمّى**

أتى على الأخضر واليابس wreak havoc/destroy everything
أتى السونامي الذي ضرب شرق آسيا عام 2005 **على الأخضر واليابس** وخاصة في أندونيسيا

خرق الأمن العام violation of public security
خرق المشاركون **الأمن العام** في مظاهرة الإحتجاج

على مرأى ومسمع من with full knowledge of
شنّت الولايات المتحدة حربها على العراق **على مرأى ومسمع من** الأمم المتحدة

تربص الفرصة to wait for an opportunity
تخرجت من الجامعة لكنها لازالت **تتربص الفرصة** للحصول على وظيفة

ربط جأشه to keep one's self-control/remain calm
رغم **هجومها** عليه بالشتم والقذف فقد **ربط جأشه** حتى انصرفت

رجع على عقب to retrace one's steps
بعد **رجوعه على عقبه** مرات متعددة فقد قرّر تغيير مسلكه تجاه الجامعة

رجوع الذاكرة إلى to recall/remember
زار بلدته القديمة **فرجعت به الذاكرة إلى** عهد الصبا

رفع من مكانة to upgrade something
رفع المدير **من مكانة** موظفه أمام المحكمة

أزاح الستار عن to unveil
أزيح الستار اليوم **عن** تمثال مانديلا في لندن

نظرات زائغة wandering glances
كان يمشي في السوق **ونظراته ظلت زائغة**

ركب ذنب الريح to speed along like the wind
يسوق وكأنه راكب **ذنب الريح**

مسك دفة الأمور to be in charge
مسك العميد الجديد **دفة** أمور الجامعة

أمطر ..... بوابل من to shower with a hail of
أمطر الأطفال الصغار زميلهم **بوابل من** الحجر

في عداد among
يعدّ **في عداد** المفقودين

ضيق النطاق narrow scope/limited extent
رغم شهرته عالميا فإن أفكاره تظل **ضيقة النطاق**

to be incapable of/to be too poor **ضاقت يد .... عن**
ضاقت يده عن شراء الضروريات منذ أن فصل عن عمله

they were at variance **كانوا على طرفي نقيض**
كان المؤتمرون **على طرفي نقيض** فيما يخص قضايا حقوق الإنسان

consumed by fire **أصبح طعمة النيران**
أصبحت الغابات في أستراليا **طعمة النيران**

out of curiosity **حبا في الإستطلاع**
زرت مدينة الضباب **حبا في الإستطلاع**

give free rein to his instincts **أطلق النفس على سجيتها**
أطلق النفس على سجيتها غير مبال بمبادئه الدينية

to open or pave the way for someone/something **فسح له الطريق**
فسح الأب لإبنه الطريق للمشاركة في الألعاب الجامعية

to indulge in defamatory remarks about someone **أطلق لسانه فيه إطلاقا شنيعا**
غضب عليه غضبا كبيرا **فأطلق لسانه فيه إطلاقا شنيعا**

insurmountable barrier **حاجز منيع**
وقف الثلج **حاجزا منيعا** أمام المسافرين. الأمر الذي أدى إلى إلغاء الرحلة

cause havoc **عاث فسادا في**
عاث الرئيس **فسادا في** بلده

to squander or dissipate one's fortune **عاث في مال**
عاث الأب المدمن على القمار **في مال** أسرته

milestone **اللبنة الأساس**
تعتبر الأسرة **اللبنة الأساس للمجتمع**

full partner **شريك كامل**
يبحث أحد رجال الأعمال عن **شريك كامل** لمشروعه الجديد

grab/seize the opportunity to **اغتنم الفرصة لـ**
اغتنم الطالب **فرصة حصوله** على منحة لزيارة الدول الأوربية

hang in the balance **لم يبت فيه بعد**
لم يبت بعد في قضية المجرم الذي قتل زوجته

indifferent **غير مكترث**
يبدو هذا الطالب **غير مكترث** بدراسته

infringe (violate) the law **أخلّ بالقانون**
السجن هو العقوبة لكل من **أخلّ بالقانون**

irrefutable evidence/compelling evidence **حجّة دامغة**
تحتاج المحكمة إلى **حجّة دامغة** لمحاكمة المتهم

to arrest **ألقى القبض على**
ألقت الشرطة **القبض على** المتهم

lay off **استغنى عن خدمة**
استغنى المدير **عن خدمة** عامله

lay the foundation stone **وضع الحجر الأساس**
تمّ **وضع الحجر الأساس** لبناء مستشفى كبير

peace talk stalled **تعثر محادثات السلام**
تعثرت محادثات السلام بين الفلسطينيين والإسرائيليين بسبب عدم الإتفاق على عودة اللاجئين

under the pretext of **تحت ذريعة**
تمّ غزو العراق تحت ذريعة وجود أسلحة الدمار الشامل.

under the veil of secrecy **طي الكتمان**
إبقاء بعض الحقائق **طي الكتمان**

tangible **ملموس**
نتعامل مع القضايا بشكل **ملموس**

coincide with **تزامن مع**
تزامنت الإنتخابات الرئاسية الأمريكية **مع** الإنتخابات البرلمانية العراقية

hand over power **تسليم السلطة**
قامت الحكومة **بتسليم السلطة** للمعارضة

mastermind **العقل المدبر**
يعتبر بلير **العقل المدبّر** لسياسات حزب العمال الجديد

issue a verdict **أصدر حكما**
أصدرت المحكمة العراقية **الحكم** بإعدام صدام حسين

smuggling of drugs **تهريب المخدرات**
تمّ القبض على المجموعة المتورطة **بتهريب المخدرات**

held **انعقد**
انعقد المؤتمر لدراسة الأوضاع العراقية المترديّة

عبارات الربط

in this manner **على غرار**
طلب منه أبوه أن يمشي **على غرار** أخيه

in summary **قصارى القول**
وقصارى القول فإن التدخين مضر للصحة

in summary **تحصيل الحاصل**
..... **وتحصيل الحاصل** أنه سيزورنا الأسبوع المقبل

to a certain extent **إلى حدّ ما**
لقد استطاعت الحكومة ، إلى حد ما، أن تطور الإقتصاد وترفع مستوى الأجور وتخفض أسعار النفط.

best example **وخير دليل على ذلك**
عرفت بعض الدول العربية تقدما في تطبيق الديمقراطية النسبي وخير دليل على ذلك الإنتخابات التشريعية التي جرت في أغلب هذه الدول.

on the contrary **على العكس من**
شاركت كل الفرق في كأس أوروبا للأمم على العكس من إنجلترا التي لم تتأهل.

in general **على وجه العموم**
..... **وعلى وجه العموم** يتكلم هذا النص عن قضية البيئة وطرق المحافظة عليها

due/thanks to **صاحب الفضل الأول في**
يعدّ سبويه صاحب الفضل الأول في وضع قواعد النحو العربي

if we take into consideration **إذا أخذنا بعين الإعتبار**
لا يمكن فهم النزاع العربي الإسرائيلي إلا إذا أخذنا بعين الإعتبار العوامل التاريخية والثقافية وراء ذلك

in this manner **على هذا الحال**
إذا مشيت **على هذا الحال** فسوف تحقق نجاحا باهرا في المستقبل

in this manner **على هذا الوجه**
طلب منه أستاذه أن يسلك منهج بحثه **على هذا الوجه**

shoulder to shoulder **جنبا إلى جنب**
وقف الرّئيسان **جنبا إلى جنب** في محاولتهم مكافحة المخدرات

it goes without saying that **من نافلة القول أن**
من نافلة القول أن الإجتهاد أساس النجاح

✓

A	أ أتمموا الجمل التالية

Complete the following sentences.

1 يعد أبي .... في تربيتي وتدريسي

2 إذا صار على هذا .... فإنه لايحقق ما يصبو إليه

3 طلب الأب من بنته.................................... أختها في الدراسة

4 قام بتحسين أسلوب كتابته ....

5 .... السلم أساس تعايش الشعوب

6 وقفت الأحزاب .... في مواجهة التهديد الخارجي

References

Abdul-Raof, H. (2001), *Arabic Stylistics: A Coursebook*, Harrassowitz Verlag.

Al-Warraki, N. and Hassanein, A. T. (1994), *The Connectors in Modern Standard Arabic*, Cairo: The American University in Cairo Press.

Brustad, K., Al-Batal, M. and Al-Tonsi, A. (1995), *Al-Kitaab fii Ta allum Al-Arabiyya*, Part 2, Washington, DC: Georgetown University Press.

Lahlali, E. M. (2008), *Advanced Media in Arabic,* Edinburgh: Edinburgh University Press.

ابن هشام الأنصاري، عبد الله جمال الدين بن هشام الأنصاري، ت 761هـ،

أ ـ مغني اللبيب عن كتب الأعاريب، تحقيق مازن المبارك، دار الفكر، ط5، بيروت، 1979م.

ب ـ قطر الندى وبل الصدى، تحقيق محمد محيي الدين عبد الحميد، المكتبة العصرية، بيروت، 1984م.

ابن عقيل، بهاء الدين عبد الله بن عقيل، ت 769هـ، تحقيق محمد محيي الدين عبد الحميد، دار إحياء التراث العربي، بيروت، د.ت.

عبد الغني الدقر، معجم النحو، مؤسسة الرسالة، بيروت، ط3، 1407هـ ـ1986م.

د. علي توفيق الحمد ويوسف جميل الزعبي، المعجم الوافي في النحو العربي، منشورات وزارة الثقافة والفنون، عمان، 1404هـ ـ 1984م.

د.أحمد طاهر حسنين و ناريمان نائلي الوراقي، أدوات الربط في العربية المعاصرة،جامعة الإمارات العربية المتحدة، سلسلة كتب اللغة العربية للمستوى الجامعي ،الكتاب رقم 5.